AKAL / PENSAMIENTO CRÍTICO

111

AF218061

Diseño interior y cubierta: RAG

Motivo de cubierta: Antonio Huelva Guerrero
Instagram: @sr.pomodoro

Título original:
The Disenchanted Earth. Reflections on Ecosocialism and Barbarism

© Richard Seymour, 2022

© Ediciones Akal, S. A., 2024
para lengua española
Sector Foresta, 1
28760 Tres Cantos
Madrid - España
Tel.: 918 061 996
Fax: 918 044 028
www.akal.com

ISBN: 978-84-460-5525-9
Depósito legal: M-8.493-2024

Impreso en España

Richard Seymour

La tierra desencantada
Reflexiones sobre ecosocialismo y barbarie

Traducción de
Ana Useros Martín

akal

ARGENTINA
ESPAÑA
MÉXICO

*En cada hombre hay posibilidades extrañas. El presente se pre-
ñaría con todos los futuros si el pasado no le proyectara ya una
historia. Pero, desgraciadamente, un pasado único propone un único futuro, que se proyecta ante nosotros como un puente infinito
sobre el espacio.*
*Solamente estamos seguros de que nunca haremos lo que somos
incapaces de entender. Entender es sentirse capaz de hacer. ASUME
TODA LA HUMANIDAD POSIBLE: que este sea tu lema.*

André Gide, *Les Nourritures terrestres*

INTRODUCCIÓN

Un mundo que ha envejecido

11 de junio de 2021

«El siglo xx. Ay, madre, el mundo es terrible, terriblemente viejo».

Tony Kushner, *Angels in America*

«No tengas miedo, dice Yeshua. Se puede arreglar mucho más de lo que imaginas».

Francis Spufford, *Unapologetic*

I

Como en esos desastres que a veces soñamos, las catástrofes se acumulan. Pensemos únicamente en unas pocas revelaciones de los últimos años.

Un estudio publicado en *Proceedings of the National Academy of Sciences* en 2017 advertía de la «aniquilación biológica», de que miles de millones de poblaciones de animales habían sido exterminadas desde 1900. En 2019, una investigación publicada por *Biological Conservation* documentaba la caída de la biomasa de insectos a un ritmo de un 2,5% al año: una tasa de extinción ocho veces más veloz que la de los mamíferos, aves o reptiles. Cuando los insectos desaparecen, muchos animales se mueren de hambre, lo que provoca efectos en cascada a lo largo de la cadena alimentaria; cada vez se polinizan menos plantas y cada vez se crea menos suelo fértil. En 2020, un informe de la ONU recopilado por 300 científicos advertía de que la erosión del suelo ponía en peligro la agricultura. Ya se han perdido 135.000 millones de toneladas de mantillo, que necesitarían miles de años para renovarse. En 2021, un estudio publicado en la revista

7

de ciencias ambientales *One Earth* concluía que las especies de abejas se están extinguiendo, que un 25% de dichas especies había desaparecido entre 2006 y 2015, una amenaza inminente para la polinización y, por lo tanto, para el gusto humano por las frambuesas, las manzanas, las sandías, el cardamomo, el brécol, los albaricoques, el cilantro y la pera[1].

Lo que estas historias tienen en común es que ninguna de ellas produce unos efectos espectaculares –ni incendios en los bosques árticos, ni la desintegración y el desprendimiento repentino de las grandes masas de hielo, ni inundaciones ni plagas–, pero todas ellas, sin embargo, describen procesos que amenazan a los fundamentos mismos de la civilización humana. Nos traen noticias preocupantes sobre dependencias no reconocidas. La sensibilidad ecológica se ha cultivado en muchas ocasiones tocándonos la fibra sensible sobre la megafauna carismática, como el oso polar o la ballena franca glacial del Atlántico Norte, ambos animales a los que yo también adoro. Pero sin los insectos, sin esos bichos indeseables a los que aplastamos o echamos de nuestras cocinas, estaríamos todos muertos. No es que no conozcamos la enorme importancia histórica de las criaturas diminutas. Charles Darwin, al final de su vida, escribió un libro poco conocido titulado *The Formation of Vegetable Mould Through the Action of Worms with Observations on Their Habits* (1881), sobre los gusanos y el papel vital de su actividad escarbando y comiendo tierra, que proporcionaba así el sustrato de la vegetación. Escribía: «Se puede dudar de si hay animales que hayan jugado un papel más importante en la historia del mundo que estas criaturas de organización humilde». Sabemos todo esto desde hace tiempo. Es únicamente que, mientras que esos gráficos de palo

---

[1] Gerardo Ceballos, Paul R. Ehrlich y Rodolfo Dirzo, «Population Losses and the Sixth Mass Extinction», *PNAS* 114/30 (2017); Damien Carrington, «Plummeting Insect Numbers "Threaten Collapse of nature"», *The Guardian*, 10 de febrero de 2019; FAO, ITPS, GSBI, SCBD y EC, *State of Knowledge of Soil Biodiversity – Status, Challenges and Potentialities: Summary for Policymakers*, Roma, FAO, 2020; Eduardo E. Zattara y Marcelo A. Aizen, «Worldwide Occurrence Records Suggest a Global Decline in Bee Species Richness», *One Earth* 4/1 (2021).

de hockey que documentan el aumento del gasto de agua, los viajes cada vez más rápidos, el volumen de pesca cada vez mayor y la ampliación del terreno urbanizado nos parezcan una espectacular historia de éxito, preferimos no pensar en ello. Quizá os preguntéis: «¿Quién es ese "nos"?». Ese «nos» pseudoinclusivo es uno de los tics más molestos del escritor varón medianamente culto. Hablar de un «nos» en este contexto es elidir inmensos abismos en nuestra relativa capacidad de acción.

Por ejemplo, durante décadas, el gigante del combustible fósil Exxon ha estado reconociendo en privado la evidencia científica en aumento del calentamiento global a la vez que alimentaba el negacionismo en público. Su capacidad de actuar y su elección de implicarse en la negación[2] ha restado potencia a miles de millones de seres humanos que no pertenecen al consejo de administración de Exxon, muchos de los cuales estaban luchando para detener la apisonadora suicida. La investigación ha demostrado que solamente cien corporaciones son responsables del 71% de las emisiones de dióxido de carbono mundiales[3], un proceso sobre el que la amplia mayoría de la humanidad no tiene apenas nada que decir.

Incluso hablar en términos generales de que la civilización humana está en peligro es elidir la enorme diferencia entre la devastación ecológica que ha ocurrido en épocas anteriores, como el asesinato en masa de animales que llevó a cabo el Imperio romano, y el cataclismo en movimiento que no ha dejado de coger velocidad desde la Revolución industrial. La cuestión aquí es la civilización capitalista. El capitalismo, como lo expresa el historiador ecologista Jason W. Moore, es un «asunto multiespecie»[4]: produce cantidades enormes, garantizando una magnitud sin precedente de los beneficios, gracias en muy buena parte al trabajo gratuito de las especies polinizadoras y creadoras de

[2] Shannon Hall, «Exxon Knew About Climate Change Almost 40 Years Ago», *Scientific American*, 26 de octubre de 2015.
[3] Paul Griffin, *CDP Carbon Majors Report 2017*, CDP, de julio de 2017.
[4] Jason W. Moore (ed.), *Anthropocene or Capitalocene? Nature, History, and the Crisis of Capitalism*, Oakland, CA, PM Press, 2016.

mantillo, tanto como a la fuerza de trabajo humana. El capitalismo depende de apropiarse de ese trabajo como si fuera un «regalo», de la «barata naturaleza» y de externalizar los costes de la destrucción ecológica.

Y, aun así, en la medida en que apenas queda ninguna persona sobre el planeta que no trabaje para el capitalismo, que no adquiera mercancías y que no dependa de las elaboradas cadenas de suministro globales para sus necesidades básicas, todas «nosotras» estamos implicadas. El capitalismo es algo que hacemos todas nosotras, aunque de maneras muy diferentes, incluso únicamente mediante el trabajo y el consumo. Para acabar con la extracción de combustible fósil, para terminar con las prácticas desastrosas del agronegocio, para limitar drásticamente la aviación, para detener las emisiones y la deforestación causada por el consumo masivo de carne de ganado y para establecer una pesca realmente sostenible se necesitaría revisar drásticamente las condiciones de vida de miles de millones de personas. Se podría pensar, dada la magnitud del desafío, que habría reuniones de emergencia en cada aldea, pueblo o ciudad, cada semana, para inventar soluciones. En lugar de ello, debido a una sensación generalizada de impotencia e inutilidad, la respuesta más habitual es lo que el psicoanálisis llama «renegación»: sé perfectamente bien que las cosas no pueden seguir así, pero, como la vida ya es lo bastante difícil y tengo que pagar las facturas, me comporto como si no fuera así. Este es el sustrato emocional de lo que Renée Lertzman denomina «melancolía ecológica»[5], una corriente subterránea de tristeza y duelo frustrado que se percibe, en su forma exterior, como una indiferencia defensiva.

[5] Renée Lertzman, *Environmental Melancholia: Psychoanalytic Dimensions of Engagement*, Londres, Routledge, 2015; véase también Sally Weintrobe, (ed.), *Engaging with Climate Change: Psychoanalytic and Interdisciplinary Perspectives*, Londres, Routledge, 2012; Sally Weintrobe, *Psychological Roots of the Climate Crisis: Neoliberal Exceptionalism and the Culture of Uncare*, Londres, Bloomsbury, 2021; y Anouchka Grose, *A Guide to Eco-Anxiety: How to Protect the Planet and Your Mental Health*, Londres, Watkins, 2020.

II

Yo sé desde dónde hablo. Estos ensayos son una crónica de mi despertar ecologista. Cuando era un joven activista, apenas tenía tiempo para charlar sobre el planeta. Las expresiones de preocupación sobre el bienestar de los animales no humanos, no digamos ya sobre los sistemas climáticos, suscitaban en general un gesto de indiferencia defensiva. Reconocía el cambio climático, pero, aunque la «red de la vida» es el fundamento irremplazable de toda iniciativa humana, yo tendía a considerar la ecología como una preocupación subsidiaria, propia de ese tipo de joven activista que elegía activamente ir mal vestido (yo simplemente me metía con lo de ir mal vestido). ¿Qué era el destino de las ballenas comparado con la necesidad de acabar con la guerra o de terminar con el capitalismo? Tenía incluso menos interés en las ciencias naturales. El pensamiento de izquierdas tiende a ser sociocéntrico y la química, la paleontología, la evolución, la oceanografía y la zoología nos parecían, si es que las teníamos en cuenta, periferias interesantes de la gula bibliófila por la historia, la economía política y la filosofía. Yo me sentía completa, alegre y estúpidamente aislado de toda sensación de peligro.

La conciencia llegó bajo la forma de una congoja que me entró. No fue una escena espectacular. Solo un invierno especialmente cálido, un invierno frío y húmedo, uno de los más cálidos desde que hay registros: desde entonces ha habido muchos más. El día de Navidad, los campos y colinas de Trent Park estaban rociados de una ligera capa de lluvia, en lugar de cubiertos de hielo o nieve. Y, por alguna razón, ese diminuto paisaje me hizo vislumbrar algo, una horrible sensación de pérdida, que no pude obviar. En los anales recientes del caos fenológico –la llegada cada vez más temprana de la primavera, la perturbación polar que sume a Europa y América del Norte en un frío intenso en abril, las temperaturas invernales en un rango de 20 a 35 grados en las ciudades estadounidenses–, un invierno algo más cálido apenas sería un parpadeo. Y en absoluto implicaba la potencial destrucción de la cadena alimentaria, la inundación de las ciudades costeras por el deshielo de los polos, los incendios inmanejables o la acidificación de los océanos que amenaza los arrecifes de coral, esas metrópolis submarinas que son mucho más productivas que los bosques, las sabanas, las costas o alta mar. Pero, por alguna razón, todo este conocimiento que yo había enterrado se abrió camino hasta la superficie. No fue únicamente una transformación intelectual, sino una reforma de la sensibilidad. Desató una apasionada curiosidad *amateur* por todas esas cuestiones sobre las que yo era totalmente ignorante: evolución animal, biogénesis, geología, ciencias del mar, psicología animal, paleo-oceanografía, paleontología. Hoy apenas soy un poco menos ignorante, pero mi ignorancia ya no es tan imponente y descubrir es un gesto de amor, la palabra *amateur* deriva de la palabra latina que significa «amante». Y todo esto no era únicamente un medio para entender el dilema de los seres humanos en peligro, sino una manera de participar en la existencia de las cosas, como decía John Keats. Estaba buscando, dicho de otra manera, una sensibilidad planetaria. Un marco experiencial de referencia que incluyera la biosfera, un espacio que el geoquímico ruso Vladimir Vernadski definía en *The Biosphere* como un anillo, que tal vez mide hasta 83 kilómetros de profundidad según los cálculos modernos, que va desde el suelo oceánico hasta la atmósfera superior. Un espacio que es 17.000 veces más viejo que la raza humana, cuya dominación global es, como la antigua aparición de los microorganismos en las profundidades del océano, un suceso fortuito. Otra palabra para este tipo de experiencia es «trascendencia».

A menudo parece ser así. Pasamos años aclimatándonos a la contaminación e insensibilizándonos ante la pérdida de la biodiversidad, hasta que una deformación en el ciclo de las estaciones, como las olas de calor europeas del verano de 2019, asume un significado profético. Hay algo en la experiencia palpable del cambio climático que es perturbador. Jugando con el concepto de Sigmund Freud de lo *«unheimlich»*, de lo siniestro, podríamos llamarlo *«untimelich»*, la sensación sobrenatural de estar fuera de plazo. Incluso el Antropoceno es un intento de dar un nombre a esta experiencia, puesto que se aplica al tiempo profundo geológico: el orden de los periodos, de las eras y las épocas se acelera a medida que la civilización capitalista deja su huella en los sedimentos geológicos, abre la puerta a la extinción masiva por primera vez desde los dinosaurios y amenaza con terminar con el ciclo de glaciaciones que crearon las condiciones para que prosperara la vida humana.

III

Con esta conciencia, es difícil no convertirse en un catastrofista. El Grupo Intergubernamental de Expertos sobre el Cambio Climático (IPCC), por ejemplo, ha subestimado sistemáticamente la tasa de cambio de las emisiones, del aumento de la temperatura, del deshielo ártico, del nivel de los mares, del deshielo de la capa de hielo, de la acidificación de los océanos y del deshielo de la tundra[6]. Al describir el cambio climático como un proceso suave y lineal de aumento de la temperatura, se ha descuidado la variable de los «puntos de inflexión», las transiciones climáticas drásticas e irreversibles, con efectos de cascada sobre todo el planeta. Un ejemplo sería la deforestación del Amazonas, que alcanza tal extensión que la región ha estado sometida a sequías regulares, o la posibilidad de una desaparición a gran escala de los arrecifes de coral, lo que conduciría a la destrucción de la vida marina. Cuando hace un par de décadas se aportó el concepto de «punto de inflexión», se dio por sentado que era muy improbable que llegáramos a esos puntos, puesto que solamente sucederían si el planeta se calentaba cinco grados por encima de las temperaturas preindustriales[7]. Ese cálculo se ha revisado progresivamente y, en 2019, un importante estudio de la revista *Nature* concluyó que muchos umbrales de los «puntos de inflexión» ya se habían cruzado[8].

---

[6] Glenn Scherer, «How the IPCC Underestimated Climate Change», *Scientific American*, 6 de diciembre de 2012.
[7] Fred Pearce, «As Climate Change Worsens, A Cascade of Tipping Points Looms», *Yale Environment* 360, 5 de diciembre de 2019.
[8] Timothy M. Lenton *et al.*, «Climate Tipping Points – Too Risky to Bet Against», *Nature*, 27 de noviembre de 2019.

De la misma manera, los intentos de una «gobernanza climática» han sido un sonoro fracaso. Como informa David Wallace-Wells en *The Uninhabitable Earth*, la gran mayoría de las emisiones de dióxido de carbono de toda la historia de la humanidad se han liberado en el periodo posterior a la Cumbre de la Tierra en Río en 1992[9]. El Protocolo de Kioto de 1997, apoyado por los principales gigantes del combustible fósil y firmado por 84 gobiernos entre 1998 y 1999, apenas ha tenido impacto a la hora de limitar el crecimiento de las emisiones. Incluso el Acuerdo de París, firmado el 12 de diciembre de 2015, que ostensiblemente comprometía a los firmantes a mantener el calentamiento global a una temperatura igual o menor sobre las temperaturas preindustriales (que desde siempre se ha creído que eran el umbral del desastre), no fue eficaz.

Las medidas que los gobiernos acordaron protegerían un sistema energético de emisiones altas durante décadas[10], permitirían que los gigantes del combustible fósil siguieran extrayendo los mortíferos combustibles para su provecho y conducirían las temperaturas globales a un alza equivalente a unos desastrosos 3,7 grados por encima de la temperatura preindustrial[11]. Tampoco había ningún mecanismo que garantizara el cumplimiento de estos objetivos insuficientes. Apenas se había secado la tinta del Acuerdo, un reflujo nacionalista que se llevaba tiempo gestando sentó en el poder a una serie de líderes de la derecha negacionista, sobre todo Donald Trump y Jair Bolsonaro, acelerando así aún más las deforestaciones y las emisiones.

Toda la infraestructura energética de la civilización moderna necesitaba una revisión. Pero, como las corporaciones de combustible fósil eran tan enormes, eran un componente central y

---

[9] David Wallace-Wells, *The Uninhabitable Earth*, Londres, Allen Lane, 2019 [ed. cast.: *El planeta inhóspito. La vida después del calentamiento*, Marcos Pérez Sánchez (trad.), Barcelona, Random House, 2019].

[10] Sarah Emerson, «What the Paris Climate Agreement Means for Big Oil», *Motherboard*, 4 de noviembre de 2016.

[11] Kelly Levin y Taryn Fransen, «INSIDER: Why Are INDC Studies Reaching Different Temperature Estimates?», World Resources Institute, 9 de noviembre de 2015.

estratégico de la economía moderna y tenían un inmenso poder político, podían obstruir cualquier intento serio de detener el desastre que se avecinaba. Y, puesto que los gobiernos estaban volcados en un modelo económico, el neoliberalismo, que excluía las reformas que, lideradas por Estado, se necesitarían para eliminar los combustibles fósiles, y que además les permitía únicamente mecanismos de mercado ineficaces, como los planes de comercio de emisiones, no estaban en la mejor disposición para desafiar a los gigantes del combustible fósil. La elección se planteaba entonces entre una gobernanza climática liberal que protegía las emisiones mortíferas y un nacionalismo musculado por la derecha que rechazaba cualquier limitación sobre los combustibles fósiles como si fuera una conspiración china para mutilar el desarrollo económico de Occidente.

IV

A quienes sostenemos una postura catastrofista a menudo nos dicen que no debemos asustar a la gente sobre el cambio climático. Que las tácticas del miedo no funcionan. Tenemos más bien que contar «historias» de cambio que puedan inspirar. Aquí, unas pocas referencias rutinarias a John F. Kennedy, Mahatma Gandhi, Martin Luther King y otras figuras del santoral desde hace tiempo esterilizadas para adaptarse a la imaginación del mercado medio, bastan para evocar el tipo de retórica elevada que se solicita.

Es una premisa a la vez paternalista y equivocada. La gente ya está asustada por el cambio climático y así debe ser. El miedo no es algo inherentemente ilegítimo. Contemplar lo peor, como el cambio climático desbocado que desata la destrucción de la civilización, no es algo inherentemente idiota. De necesitar algo, sería un poco más del «poder de enfrentarse a los hechos desagradables» de George Orwell[12]. La complacencia y el optimis-

---

[12] George Orwell, «Why I Write», en *Facing Unpleasant Facts: Narrative Essays*, Boston, MA, Mariner Books, 2009 [ed. cast.: *Ensayos*, Barcelona, Random House, 2014].

mo vago, por el contrario, casi siempre son idiotas. En el peor de los casos, rezuman un terror no reconocido. El problema es que la mayoría nos sentimos impotentes para hacer cualquier cosa al respecto porque, en nuestro día a día, a menudo lo somos. Y esa impotencia se agrava, en lugar de aliviarse, mediante la táctica de culpar a la gente por sus hábitos de consumo personales. A las organizaciones ecologistas hegemónicas y a los medios de comunicación les encanta hacer listas para la gente ilustrando «lo que puedes hacer para detener el cambio climático»: no malgastes agua, no cojas tantos aviones, come más verdura y menos carne. Son medidas sensatas que, si las adoptaran los consumidores más ricos, podrían tener algún pequeño impacto. Sin embargo, estamos ante un problema de acumulación. La lógica de la presión moral que busca cambiar las decisiones de los consumidores individuales es que el mercado adoptará el cambio bajo la forma de señales en el precio: a medida que la gente vuele menos, por ejemplo, el descenso de la demanda debería en principio conducir a una bajada de los precios, las aerolíneas se volverían menos rentables y la presión económica para crear nuevas pistas de aterrizaje se reduciría. Pero los billetes de avión ya están subvencionados por los gobiernos, que animan y amplían los viajes aéreos e invierten profusamente en infraestructura de aviación como medio de generación de riqueza. Como resultado, los vuelos nacionales son generalmente mucho más baratos que su viaje equivalente en tren. La industria de la aviación es estratégicamente central para la forma en la que los Estados apoyan el crecimiento y, como la mayoría de las empresas operan en varios países, han sido protegidas de los planes de reducción de emisiones[13]. E incluso cuando la demanda de viajes aéreos se ha desplomado, como durante la pandemia de la COVID-19, los gobiernos en general han ofrecido rescates sin ninguna contrapartida[14].

[13] Véase Niclas Svenningsen, «Aviation, Offsets and the Paris Agreement», *ICAO Environmental Report 2016* y Jocelyn Timperly, «Corsia: The UN's Plan to "Offset" Growth in Aviation Emissions», Carbon Brief, 4 de febrero de 2019.

[14] Natalie Sachmechi, «Airlines Are Being Bailed Out Again, Here's What Economists Think Will Happen Next», *Forbes*, 17 de abril de 2020;

Lo mismo se aplica al agronegocio. Las industrias láctea y cárnica tienen ya jugosas subvenciones para que los precios de consumo se mantengan bajos[15]. El poder del consumo individual es insignificante, porque las decisiones sobre el consumo están condicionadas por lo que está disponible e incentivado. Desgraciadamente, las formas alternativas y políticamente más eficaces de unir a los individuos han estado en crisis desde hace décadas. Las organizaciones de la sociedad civil, los partidos políticos, los sindicatos y otras asociaciones y colectivos disminuyen tanto en número como en afiliación de manera global.

Y, sin embargo, se mueve. En los últimos años, la relevancia política del cambio climático ha aumentado, con huelgas climáticas lideradas por el alumnado de secundaria y protestas masivas. En 2019 las protestas climáticas movilizaron a seis millones de participantes. Extinction Rebellion (XR), con independencia de los límites de su estrategia movilizadora, trajo la desobediencia civil al corazón de este movimiento. El Green New Deal, que había estado en la agenda de un puñado de economistas, políticos y ecologistas cuando la idea se debatió por primera vez en la segunda mitad de la década de 2000, asumió protagonismo mundial cuando se vinculó a campañas electorales como la de Bernie Sanders. Y por peligroso que el resurgir nacionalista haya sido para la supervivencia humana, su éxito se ha producido en parte por el declive del neoliberalismo. El hecho de que Joe Biden, un miembro extremadamente tradicionalista de la elite de Washington, se haya comprometido con programas de importantes infraestructuras verdes demuestra que, con las condiciones adecuadas, las protestas y los disturbios funcionan. La acción colectiva hace la fuerza.

Por supuesto, el *establishment* político estadounidense no ha roto filas en ningún caso con los gigantes de la energía, ni siquie-

---

Sandra Laville, «Coronavirus: Airlines Seek €12.8bn in Bailouts Without Environmental Conditions Attached», *The Guardian*, 27 de abril de 2020.

[15] Véase David Robinson Simon, *Meatonomics: How the Rigged Economics of Meat and Dairy Make You Consume Too Much And How to Eat Better, Live Longer, and Spend Smarter*, Newburyport, MA, Conari Press, 2013; Vaclav Smil, *Should We Eat Meat?: Evolution and Consequences of Modern Carnivory*, Londres, John Wiley & Sons, 2013, pp. 170 y 227-228.

ra está cerca de enfrentarse al resto de las fuentes de destrucción ecológica, como el agronegocio y la pesca, no hablemos ya de cuestionarse el crecimiento perpetuo. Además, la postura de la República Popular de China ahora representa un desafío mucho más grave de lo que era antes. A pesar de su propia retórica de «civilización ecológica»[16], ha invertido tanto en combustibles fósiles que sus emisiones anuales actualmente son mayores que las de todo el resto de países desarrollados juntos. Su compromiso de París de lograr el «pico» de emisiones en 2030 le deja una libertad ilimitada para una expansión mayor hasta esa fecha, en una postura claramente insostenible. Su plan quinquenal más reciente, que abarca de 2021 a 2025, no se compromete en absoluto a reducir las centrales eléctricas de carbón. Incluso cuando ha hecho promesas semejantes, sigue construyéndolas, desde Vietnam hasta Pakistán. Y, puesto que es una potencia mundial en aumento, las está construyendo en todo el planeta y no solamente en China. Su inversión en energías renovables y la extracción de los metales raros, necesarios para los paneles solares, no es tanto una agenda para la «civilización ecológica» como parte del mismo impulso hacia la autosuficiencia y la dominación industrial: en el momento en que esté preparada para abandonar los combustibles fósiles, disfrutará de un liderazgo sustancial en la economía basada en renovables[17].

En resumen, el tipo de acuerdo global vinculante que se necesita para detener la aniquilación de la vida requerirá unas formas de protesta más intensivas e internacionalmente federadas de lo que hemos visto hasta este momento. Así como están las cosas, seguimos enfilados hacia un «planeta invernadero», inhóspito para la civilización humana. Y hay tendencias políticas en marcha que acelerarían ese proceso. Sobre todo, asistimos al renacer de una forma de fascismo incoado cuya respuesta a la crisis ecológica es o bien una negación hipertrofiada, acompañada por el im-

---

[16] Zhang Chun, «China's New Blueprint for an "Ecological Civilization"», *Diplomat*, 30 de septiembre de 2015.

[17] Richard Smith, *China's Engine of Environmental Collapse*, Londres, Pluto Press, 2020.

pulso de hacer recaer los costos de la ruina sobre los más débiles, siguiendo el patrón del darwinismo social, o un fascismo verde que confunde la conservación con una guerra contra las formas biológicas mutantes o inferiores. Tenemos todas las papeletas, dadas las privaciones y las difíciles elecciones que dictaría la supervivencia ecológica, de que esta forma de política se convierta en potencialmente relevante para millones de personas a las que se les deniega el verdadero poder, o una alternativa persuasiva a la austeridad ecológica. Tenemos todas las papeletas de haber perdido ya la oportunidad de evitar algunos de los principales desastres que catalizarán esta deriva política suicida. Tenemos todas las papeletas de haber perdido la oportunidad de detener una espiral destructiva que será la ruina de la vida humana.

Sin embargo, los éxitos de los últimos años implican que no tenemos que estar dominados por la idea de nuestra perdición. Y este es el problema real del catastrofismo ecológico: en las situaciones estancadas, puede ofrecer un dudoso tipo de satisfacción e incluso de consuelo. Pensad, por ejemplo, en los elementos fatalistas de la corriente de la «ecología profunda». Imaginar el apocalipsis ecológico como si fuera un sueño catastrófico, en el que estamos por completo presentes para dar testimonio del terrible final, sería más bien como la ubicua fantasía de estar presentes en nuestro propio funeral. Si estás ahí para verlo, es que no has muerto de verdad. Inconscientemente, argumentaba Freud, nadie cree en su propia mortalidad. A la larga, como defendía John Maynard Keynes, todos estamos muertos.

CAPÍTULO I

Dejarse ir

15 de abril de 2017

«¿Por qué añadir más palabras? Para susurrar por lo que
se ha perdido. No por nostalgia, sino porque en el lugar de
la pérdida es donde nacen las esperanzas».

John Berger, *And Our Faces, My Heart, Brief as Photos*

«Esta es la Hora de plomo
Recordada, si se sobrevive,
como las personas que se hielan recuerdan la nieve
Primero frío, después estupor, después se dejan ir»

Emily Dickinson, «After a Great Pain,
a formal feeling comes»

Landmarks, de Robert Macfarlane, es un «libro de frases contra la profanación»: un vocabulario para valorar lo que tenemos justo cuando estamos a punto de perderlo, justo mientras lo perdemos, justo cuando acabamos de perderlo.

Es como si el mundo vivo de luz filtrada entre las hojas, de olas lamiendo la arena, de líneas de deseo y senderos de ballenas, de arcilla y acequias, de lagunas marinas y tierras altas pudiera salvarse mediante una descripción nueva. Como si no fuera ya demasiado tarde.

Los últimos catorce meses, uno tras otro, han roto los récords de temperatura global. Las inundaciones y las sequías empiezan a asumir proporciones bíblicas. Miles de especies desaparecen, para siempre, todos los años. Según incluso los pronósticos más suaves, seguirán desapareciendo, cada vez más rápido.

Si las temperaturas aumentan más de entre 1,5 y 2,5 grados por encima de los niveles preindustriales, el IPCC calcula que entre el 20 y el 30% de las especies estarían en riesgo de extinción. Si el aumento de temperatura supera los 3,5 grados, habla-

21

ríamos de entre el 40 y el 70%. Ya estamos a 1,3 grados y los 4 grados es aproximadamente el aumento de temperatura que se proyecta para 2050, incluso aunque subsista el Acuerdo de París. A medida que la tasa de aceleración aumenta, aumenta también la probabilidad del caos. La ciencia usa la metáfora del «territorio inexplorado» para describirlo, puesto que lo único que sabemos con seguridad es lo que estamos perdiendo. Lo que nunca, nunca veremos de nuevo. Caminar, en este sentido, se convierte en un viaje urgente, en una peregrinación, en una visita a un paciente agonizante. Un vistazo robado de lo que podríamos haber ganado si la tierra hubiera sido alguna vez un tesoro común.

Pero, como el psicoanalista Christopher Bollas señala en *The Evocative Object World*, lo que encontramos en el medio ambiente es nuestra propia vida inconsciente, no en su relato o en su paisaje, sino en las palabras clave, en los objetos. Cuanto más abstracto, sin sentido y sin forma sea el terreno, más podemos proyectarnos en él y más evocador nos resulta. Nada es más sugerente que lo que la teología, a partir del Salmo 22, llama «la estación nocturna».

Lo que encuentras en el borde quemado de una mañana fresca, en el brillo veraniego de los humedales, en las nubes del tamaño de una ciudad remojándose en el agua azul, o incluso en los paisajes literarios, en las frías montañas de Hansham o en el Yukón helado de *La llamada de lo salvaje*, tiene un significado inconsciente.

Mundos de independencia, aventura, posibilidad, des-civilización, mundos rebosantes de potencial, más cercanos al nacimiento que a la muerte. Inmersión oceánica, la sensación de sostén, de protección. Fobias y angustias. Recuerdos encubridores. Estos significados privados siempre se abren a un significado público. Lo que Lertzman llama «melancolía ecológica» empieza con los mundos perdidos. La melancolía es un tipo de congelación. El lamento es movimiento, y si no puedes lamentarte te cubre la escarcha.

Uno de los obstáculos más grandes para el duelo es que no podemos enfrentarnos a nuestra ambivalencia: la medida en la

22

que odiamos el objeto perdido de nuestro amor. La ambivalencia es complicada. Por una parte, parece que, por mucho que nos importara, en alguna parte de nuestro interior siempre nos alegramos de habernos librado de esos objetos. Por otra parte, también los odiamos por no estar ya ahí. Y también están los placeres y beneficios inconscientes que se derivan de su ausencia. Apenas podemos evitar la ambivalencia hacia lo que llamamos «naturaleza» y su némesis, el capital fósil. La primera significa vidas desesperadas, duras, agotadoras y muertes tempranas. El segundo, en la medida en que coexiste con la industrialización, promete comodidades, calefacción central, aceleración.

Así que, ¿qué son el efecto invernadero que derrite el hielo del Ártico, la muerte decolorada de un arrecife de coral y la desaparición de miles de especies al año en comparación con los viajes en avión, llegar a la luna, los laboratorios de ciencia genética e internet? ¿Qué son el silencio de la remota granjita o el murmullo del bosque comparados con el aumento de la esperanza de vida y la caída de la mortalidad infantil?

La otra cara de esta ambivalencia, su cara nocturna, es el conocimiento –porque esto no es un misterio y quien quiera saberlo ya lo sabe– de que estamos preparando un velatorio masivo para la especie humana. Es una obsolescencia programada. Hay algunos multimillonarios con *hybris* que, como invierten en Xanadús de supervivencia, se imaginan que van a sobrevivir a la destrucción de la cadena alimentaria y del territorio habitable. Pocas personas se pueden permitir el lujo de esa convicción. Así que, dicho de otra manera, las preguntas que hemos hecho antes se convierten en: ¿qué es la muerte de la especie, comparada con otros cincuenta años de vida del capitalismo?

Es inútil echar la culpa a quienes aún no han despertado. El sonambulismo y el estar medio despiertos es general, aunque soñemos con que hemos despertado. Todos nos apresuramos hacia la última sílaba del tiempo registrado. Y el punto de subjetividad melancólica es que ya estamos regañándonos a nosotros mismos. Nuestra experiencia de la impotencia ante la pérdida, y del aislamiento ante fuerzas gigantescas, tectónicas, ya se ha convertido en nuestro mantra de autoodio. Añadir los reproches en nombre del futuro únicamente acentuará nuestro resentimiento hacia las generaciones futuras, y nuestro deseo de castigarlas. Pero si el duelo es movimiento, es también un trabajo. El trabajo de duelo no es lo mismo que el afilado carámbano, que la puñalada de dolor que se pueda sentir mientras se camina, cuando nos damos cuenta de que, algún día no muy lejano, nada de lo que se pueda parecer a este mundo existirá. Es la dolorosa y laboriosa tarea de revisar cada recuerdo, cada pensamiento, cada impresión de lo que se ha perdido y, como el cuervo de Edgar Allan Poe, pronunciar sobre cada uno de ellos la sentencia: «nunca más». El duelo no es un proceso hacia el optimismo. Es una especie de desesperación, porque supone rendirse. Primero escalofrío. Después estupor. Después el dejar ir.

Solamente nos recuperamos cuando podemos separar el objeto que se ha perdido de lo que se ha perdido en él. En otras palabras, cuando cedemos sin rendirnos. Reconocemos la pérdida completa e incesantemente, pero nos aferramos a las cualidades que veíamos en el objeto perdido, porque pensamos que podemos encontrar una manera de revivirlo con una nueva pasión, con un nuevo apego. Desesperamos, pero no nos resignamos.

«Desesperación sin miedo, sin resignación, sin una sensación de derrota», decía Berger, hablando del pueblo palestino y su Nakba. «Desesperación invicta»[1].

---

[1] John Berger, «Undefeated Despair», *Critical Inquiry*, 32/4 (2006).

CAPÍTULO II

Cayendo como abejas

15 de agosto de 2017

I

Estoy en Islandia, observando cómo las abejas cortejan febrilmente las dedaleras en medio de un frío que pica. Trabajan como si no hubiera miles de millones de diminutas motas de lluvia cayendo sobre ellas como el humo. Como si en realidad fuera verano. Y me recuerdan bruscamente la necesidad de este trabajo frenético. Si las abejas desaparecieran como especie, los seres humanos iríamos después. Caeríamos como moscas, como abejas, por miles de millones, muertos de hambre.

Dependemos de las abejas para una gran cantidad de la comida que ingerimos, aunque no seamos conscientes de ello durante buena parte de nuestra existencia. Solo la labor de polinización ya vale miles de millones (de personas, de euros). Vale toneladas y toneladas de cosechas para la exportación.

El repentino y pronunciado descenso de las colonias de abejas a lo largo de Europa y América del Norte durante el último siglo, poco a poco y a regañadientes, se ha relacionado con el cambio climático capitalogénico. Se ha empezado a recopilar un cuerpo de investigación que rastrea esta relación. Algunos pesticidas pueden también acelerar el problema, más allá de su punto de reparación[1].

Lo interesante del fenómeno de la destrucción de las colonias es que se parece a una huelga abrupta e irreversible. Las abejas obreras sencillamente se han largado, han dejado el trabajo, de-

---

[1] «Pesticides could wipe out bumblebee populations, study shows», *The Guardian*, 14 de agosto de 2017.

jando comida suficiente para la supervivencia a corto plazo de la reina y de la cría.

Conocemos en general, más o menos, aunque la diéramos por sentada, la labor sexual y reproductiva de la polinización. Hasta que la posibilidad de su repentina desaparición nos ha obligado brutalmente a afrontar una dependencia no reconocida. La muerte de una especie produce la de otra en su estela.

II

Digámoslo de nuevo: lo sabíamos, de un modo u otro. Y conocemos, de un modo de otro, otras múltiples dependencias ecológicas, aunque sigamos haciendo como si no lo supiéramos. La palabra para saber-de-aquella-manera pero ignorar es «renegación». En términos psicoanalíticos, renegamos para no admitir nuestra castración, nuestra dependencia. Y esta renegación concreta es una operación de las relaciones sociales capitalistas.

No es que no sea una buena idea reencantar la tierra, si es que eso fuera posible. Pero el desencanto, como nos mostraron Theodor Adorno y Max Horkheimer desde una perspectiva, y Carolyn Merchant desde otra, fue parte de una gigantesca ruptura civilizatoria, a medida que el siglo xvi daba paso al siglo xvii, que traía con él nuevos modos de opresión y explotación[2].

Los primeros Estados modernos se expandieron a medida que luchaban por gestionar el sistema capitalista emergente. La aceleración de la Reforma en una guerra a escala continental que consumió ocho millones de vidas, produjo una crisis demográfica y desencadenó la formación de un nuevo sistema de Estados. Se producen los cercamientos y las cazas de brujas, la re-regimentación del género sobre la base de una división entre lo público y

---

[2] Theodor W. Adorno y Max Horkheimer, *Dialectic of Enlightenment*, Londres, Verso, 2016 [ed. cast.: *Dialéctica de la Ilustración. Obra completa 3*, Joaquín Chamorro Mielke (trad.), Madrid, Akal, 2007]; Carolyn Merchant, *The Death of Nature: Women, Ecology, and the Scientific Revolution*, San Francisco, HarperSanFrancisco, 1990.

lo privado. Los animismos, las prácticas mágicas y alquímicas del Renacimiento se transforman en las ciencias mecanicistas y experimentales de la Ilustración.

Las ventajas de este cataclismo continental, por supuesto, no hay que explicarlas aquí. Disfrutamos a perpetuidad de vidas más largas y capacidades, movilidades y alfabetización en aumento, y tal vez incluso la posibilidad de la emancipación humana antes de la aniquilación humana, gracias a la parte progresista de esa explosión. Pero, al traer consigo un nuevo tipo de relaciones sociales, también trajo un nuevo conjunto de dicotomías y de distinciones conceptuales. Por encima de todas, la creación de la «Naturaleza» como un ámbito distinto y subordinado del ser, sobre el que el «hombre» disfrutaba del dominio. Y, si a Francis Bacon le gustaba imaginar a la «naturaleza» como una mujer, a la que interrogar, castigar y controlar, la división que se plantea aquí colocaría a las mujeres, los obreros y los sujetos negros y colonizados claramente en el campo de la «Naturaleza».

Si la tierra desencantada, atomista y mecanicista se consideró finalmente como algo por completo disponible para su dominación, fue porque había sido privada de cualquier cosa que pudiera entenderse como agencia. Era materia prima, potencialmente resistente, pero, en cualquier otro sentido, estrictamente dependiente y subordinada.

III

De esta manera, el capitalismo oculta sus propias condiciones de posibilidad, incluso si la imagen pantalla del capital como un espíritu estilizado, inmaterial, ingrávido oculta perpetuamente sus vulgares orígenes agrarios, su base en la explotación del trabajo vegetal, animal y humano.

Renegar de lo que siempre hemos sabido tiene sus consecuencias. Si no podemos sencillamente reencantar la tierra, necesitamos descubrir en el nivel de la teoría lo que ha sido borrado de nuestra percepción cotidiana.

Esto empieza con el reconocimiento de que, como Moore plantea en *Capitalism in the Web of Life*[3], el capitalismo es un orden civilizatorio que está «coproducido por los seres humanos y por el resto de la naturaleza». Depende tanto del trabajo no remunerado y de la energía de los bosques, los ríos y el viento, como del trabajo no remunerado de las mujeres y de la población esclavizada. El capitalismo es un «asunto multiespecie». Las abejas trabajan para el capitalismo.

Disponemos, como apunta Moore, no solamente del «tiempo de trabajo socialmente necesario» del trabajo mercantilizado, sino también «del trabajo no remunerado socialmente necesario» del trabajo no mercantilizado, que «cruza la frontera cartesiana» entre «humanidad» y «naturaleza».

Para que todo este trabajo se produzca en términos que la producción capitalista pueda calcular, los capitalistas y los Estados tienen que apropiarse, observar, medir, clasificar y codificar todas las «naturalezas», humanas o no. Tienen que someterlas a una parrilla de inteligibilidad capitalista, que es la parrilla de la producción de mercancías. A todos estos procesos, allí donde las diferentes formas de «naturaleza» han sido convertidas en condiciones previas para el capital, Moore los llama «naturaleza social abstracta»[4].

Esto –que se basa directamente en el *Manifiesto Cyborg* de Donna Haraway, que desmitifica y desmantela la oposición naturaleza/cultura– adjudica a sus hallazgos un valor teórico específico dentro del marxismo. Y, al hacerlo así, otorga al término «capitaloceno» una base conceptual adecuada, sin la cual este sería únicamente un chascarrillo sarcástico.

Pero nos lleva a esto. La «ley del valor» capitalista fue siempre una «ley de la naturaleza barata»[5]. Y, sin embargo, y, por

---

[3] *Capitalism in the Web of Life: Ecology and the Accumulation of Capital*, Londres, Verso, 2015 [ed. cast.: *El capitalismo en la trama de la vida*, María José Castro Lage (trad.), Madrid, Traficantes de sueños, 2020].

[4] «The Capitalocene, Part II: Abstract Social Nature and the Limits to Capital» [https://www.researchgate.net/publication/264457281_The_Capitalocene_Part_II_Abstract_Social_Nature_and_the_Limits_to_Capital].

[5] Jason W. Moore, «The Rise of Cheap Nature», en *Anthropocene or Capitalocene?*

supuesto, la naturaleza barata siempre fue una ficción. La «naturaleza social abstracta» organiza su explotación de manera que sus costos se externalicen, se lleven fuera del circuito de producción. Pero siguen siendo costos que se soportan en alguna parte.

Y estamos empezando a ver dónde: se han acumulado en algún lugar del futuro, para que las generaciones desconocidas se los encuentren como su final cataclísmico.

Desde distintas direcciones, las tensiones se están mostrando y revelándose como potencialmente terminales. Las posibilidades de extinción se multiplican. Por miles, por millones.

CAPÍTULO III

El océano de Oparin

24 de octubre de 2017

Las cumbres de los Alpes fueron antes un lecho marino.

Hace trescientos millones de años las afiladas agujas rocosas que ahora están siendo limadas por el viento y el hielo estaban bajo el mar de Tetis, entre los antiguos continentes de Gondwana y Laurasia.

Fueron propulsadas fuera del agua cuando las placas tectónicas euroasiática y africana chocaron entre sí. Hoy las cumbres ya no ascienden más y la misma superficie rocosa que antaño fue el suelo de una bulliciosa vida marina hoy alberga leopardos de las nieves, lobos, marmotas y águilas reales.

Como observaba el geólogo Charles Lyell, una vez que haces hueco para el tiempo, todo tipo de efectos raros se vuelven explicables[1]. El Gran Cañón no tiene en absoluto el aspecto de algo que pudiera lograrse por una mera erosión. Pero una vez que aceptas que vivimos en un planeta viejo, puedes extrapolar las transformaciones gigantescas a partir de los diminutos cambios apenas perceptibles para el ojo humano. Sobre este fundamento fue como Darwin pudo formular toda una nueva teoría de la vida.

Si contamos con el tiempo, no se necesita un diseñador inteligente para explicar las variaciones entre las criaturas vivientes. La presión de la selección natural se basta para hacer el trabajo. Ahora pensamos que la evolución puede suceder de una manera más rápida de lo que antes dimos por sentado. Los experimentos de Bernard Kettlewell con las mariposas de los abedules indicaron que la selección en áreas industriales estaba trabajando a una enorme velocidad para fomentar las mariposas más oscuras, en oposición a las «moteadas» mariposas de los abedules cuya apa-

---

[1] Charles Lyell, *Principles of Geology*, Londres, Penguin, 2005.

31

riencia destacaba contra la ennegrecida corteza del árbol[2]. El agente de la selección eran las aves que atrapaban a las mariposas peor camufladas. Hallazgos similares se han publicado recientemente en *Scientific American* acerca del carbonero común, cuyo pico se ha ido alargando en un periodo de tiempo relativamente breve[3].

No obstante, la mayor parte del proceso de evolución ha sido lento y brutal. Por ejemplo, según algunas investigaciones paleontológicas, incluso los primeros animales no evolucionaron hasta hace 570 millones de años, cuando la fauna de cuerpo blanco del periodo ediacárico aparece por primera vez en los registros fósiles. Y esto podría dar una pista para una vieja pregunta: ¿cómo empezó la vida?

¿Cómo, por decirlo con otros términos, se convirtió la geoquímica en bioquímica? ¿Qué produjo la diferencia entre los químicos inorgánicos, que reaccionaban los unos con otros de una forma más o menos inocua en toda la superficie del planeta, sin causar un impacto aparente sobre las grandes caras rocosas, y el primer organismo primitivo?

Solo hacerse esa pregunta es ya presuponer una respuesta a otra: ¿qué es la vida? Hay docenas de definiciones que han ofrecido organismos profesionales y autorizados y ninguna de ellas coincide. En aras de una espuria sencillez, adoptemos la definición de la NASA: «La vida es un sistema químico autosostenible capaz de emprender una evolución darwiniana».

Todas las formas de vida son sistemas químicos. Todas crecen y se sustentan a sí mismas recogiendo energía y átomos de su entorno: metabolismo. Todas hacen copias de sí mismas antes de que haya terminado su ciclo: reproducción. Y todas se adaptan a su entorno bajo presiones selectivas: variación. Esto es lo mínimo para llamar «vida» a algo.

---

[2] Bernard Kettlewell, *The Evolution of Melanism: The Study of a Recurring Necessity, with Special Reference to Industrial Melanism in the Lepidoptera*, Oxford, OUP, 1973.
[3] Yasemin Saplakoglu, «Humans de mayo de Be Influencing Bird Evolution in Their Backyards», *Scientific American*, 19 de octubre de 2017.

Pero ¿cómo fue que este planeta, antaño negro, ardiente, volátil, anóxico, llegó a albergar algo así? ¿Algo como lo que somos? Nos hemos acostumbrado a pensar en esto como se hubiera producido una ruptura repentina, cualitativa. Y, de hecho, en términos puramente lógicos, hay una diferencia cualitativa entre la no vida y la vida. Darwin, de hecho, había especulado en una carta a su colega Joseph Dalton Hooker con una posible respuesta que fuera evolutiva: «Si (y, ¡oh!, que «si» tan grande) pudiéramos concebir un laguito cálido con todo tipo de sales de amonio y fosfóricas, luz, calor, electricidad, etc. presentes, donde se formara químicamente un compuesto proteico, listo para experimentar cambios aún más complejos»[4].

En otras palabras, moléculas relativamente simples, bajo determinadas condiciones, se habrían combinado y concentrado en un líquido y habrían estado expuestas a alguna fuente de energía, produciendo así moléculas más complejas, prebióticas, como las proteínas, los azúcares y los lípidos.

Sin embargo, parece que Darwin abandonó esa tesis, que no se retomaría hasta 1924, cuando el geoquímico ruso Alexander Oparin publicó su tesis sobre *El origen de la vida*[5]. Ahí Oparin defendía que la vida debe haber sido un producto de la evolución química dentro de los océanos. Los mares eran la «sopa de vida» primordial, química, en la que sustancias químicas simples y abundantemente disponibles podrían haber formado hidrocarbonos más complejos y proporcionado así la base para la materia orgánica. Únicamente se requeriría concentración y alguna fuente de energía, como los rayos o la radiación UVA procedente del sol. Esta idea fue apoyada por el científico británico J. B. S. Haldane.

Cuando el folleto se publicó como libro en 1936, Oparin adornó la tesis con el lenguaje del «materialismo dialéctico», en oposición al idealismo científico del imperialismo occidental. Hacer las paces con la emergente dictadura, incluso hasta el

---

[4] Carta del 1 de febrero de 1871[?], www.darwinproject.ac.uk.
[5] A. I. Oparin, *The Origin of Life*, Moscú, Foreign Languages Publishing House, 1955.

punto de apoyar el lysenkoísmo, le permitió a Oparin construir una inmensa estructura institucional para proseguir su trabajo. Pero también arruinó a la larga su carrera, cuando después de la muerte de Stalin la pseudociencia del lysenkoísmo fue rechazada. Sin embargo, la tesis de Oparin es una tesis materialista y un desarrollo lógico de la idea de Darwin. Y es una ironía que su confirmación parcial se produjera el mismo año en el que él empezó a perder influencia en la URSS.

El famoso experimento Miller-Urey fue sobre todo obra de un joven y ambicioso químico llamado Stanley Miller. Deseoso de dejar huella, se le ocurrió una elegante manera experimental de probar las tesis de Oparin. El experimento implicaba dos ampollas de unos centímetros de diámetro conectadas entre sí con tubos. En una ampolla había agua calentada por una llama encendida debajo. En la otra, una mezcla de gases expuesta a descargas eléctricas de dos electrodos. En pocos días, el agua cambió de color y con el tiempo se acumuló allí un limo orgánico negro sobre las paredes de cristal. Este limo era una mezcla de aminoácidos, lípidos y carbohidratos.

Este experimento se ha repetido con éxito una y otra vez. Muchas veces ha producido moléculas de ADN y ARN altamente complejas. Así que parece plausible que describa algo parecido al proceso mediante el cual se crearon los ladrillos de la vida. Y, de hecho, una vez que esto está establecido, se puede dar el paso siguiente.

Cuando estas moléculas más complejas empiezan a hacer copias de sí mismas, se puede decir que ha empezado una protovida. Hay varios modelos para esta replicación, como el ciclo inverso del ácido cítrico o el ARN autorreplicante. Sin embargo, una vez que una molécula es capaz de reaccionar con otras para producir un duplicado de sí misma, puede empezar a poblar rápidamente los océanos. Suponiendo que la molécula se duplica a sí misma una vez al día, el primer mes ya tendríamos mil millones de estas moléculas ya formadas. Esto sería literalmente una gota en el océano, puesto que una única gota de agua marina contiene cerca de 10 millones de virus. Pero, en un año, tendríamos 7.500 millones gúgol de moléculas, algo ya más cercano a la escala de un océano. En un determinado estadio de concentración, es plausible que la selección pudiera producir una mutación capaz de interactuar con el entorno mineral y explotarlo, desarrollando así una complejidad cada vez mayor, hasta que surgieran las células.

Por supuesto que este cuadro presenta algunos problemas. Las condiciones de las ampollas de cristal no eran ni remotamente las de la tierra, las oceánicas, con sus ciclos complejos y sus climas superpuestos u otros ciclos planetarios. El entorno geoquímico de las primeras etapas de la tierra era mucho más complicado de lo que permitía recrear el experimento.

El experimento también suponía un grado de concentración química que normalmente no estaría presente en el planeta. No obstante, hay maneras en las que los procesos planetarios, como las glaciaciones, podrían haber producido las concentraciones necesarias.

Está también el problema de que la protovida no parece haber dejado ningún residuo fósil en absoluto. Tal vez en cuanto existió el primer organismo celular, estos consumieron a sus predecesores evolutivos. Pero esto nos recuerda la regla sobre la prueba de la ausencia.

Hay también una hipótesis rival, una que se originó por el descubrimiento de comunidades microbiales en las aguas abisales, en las regiones más oscuras del océano. Se piensa que ahí la corteza volcánica submarina caliente y los géiseres oceánicos, interactuando con el agua rica en minerales, pudieron bastarse para producir los materiales para la vida.

Podría ser ambas cosas y muchas otras. La vida podría haber tenido más de un solo origen. Es incluso probable que hubiera varios procesos prebióticos diferentes que podrían haber producido vida, pero que no lo hicieron. Especialmente, las dos posibilidades que he mencionado antes implican una evolución química a partir de una sopa prebiótica a lo largo de millones de años, impulsada por la energía (procedente del sol o del calor volcánico, o de los rayos).

Una de las mayores virtudes del océano de Oparin es que no se basa en ninguna teleología. Que la vida realmente surgiera de ese estofado primordial no puede ser más que un suceso fortuito, y uno contra todo pronóstico. Las condiciones requeridas para que esto ocurriera sin duda habrían existido en algún momento, pero, como nos dice la paleontología o la geología, no podrían de ningún modo inferirse a partir del estado original del planeta en el denominado eón Hádico.

Y, por supuesto, el corolario es también cierto. Que la vida se aferre, que el planeta no se limite a cambiar drásticamente y cargárselo todo para siempre es el suceso fortuito más puro de todos.

CAPÍTULO IV

Otromundo

24 de noviembre de 2017

I

Estemundo es muerte. El desencantamiento es engaño. En la mañana misma de la vida, los animales empezaron a crecer y multiplicarse en las laderas de los volcanes submarinos, prosperaron en el negro humo que ahoga, bajo temperaturas y entornos químicos que matarían a la mayoría de las criaturas.

En la medianoche de la vida, cuando el almizcle de la última rosa se haya esfumado para siempre y con él el último deseo humano pronunciado, habrá animales que aún sobrevivan en baños de ácido hirviente. Sin carisma, poco apreciados, pero mucho mejor adaptados que las especies que han dejado atrás en el tiempo geológico profundo.

Y, si estos también son borrados, se producirá, quién sabe cuál y quién sabe cómo, otra relación geoquímica en algún lugar, en algún momento, que conduzca a una nueva bioquímica. Un nuevo metabolismo, una nueva mitosis, una nueva meiosis: una nueva vida. Tal vez, dada la lógica de la adaptación convergente, nuevos homínidos.

Con un poco de suerte, estas nuevas formas de vida descubrirán las huellas de tu vida, no como huesos fosilizados o como capas ultradelgadas de sedimento geológico, sino como fósiles ricos en energía que ellos descargarán en los cielos en miles de millones de finas partículas. La venganza de la historia profunda.

37

II

«Y dijo dios, nuestro señor; Ven desde los cuatro vientos,
oh, espíritu, y sopla sobre estos degollados, para que vivan».

Ezequiel, 37:9, sobre *El valle de los huesos secos*

Friedrich Nietzsche, en mitad de uno de sus típicos ataques
airados al cristianismo en *Ecce Homo*, dijo que la fe era «calum-
niar al mundo»[1]. Si Dios «amó tanto al mundo» que envió a su
hijo para que se sacrificara por sus pecados, el cristianismo odia
el mundo, porque la mutilación de Cristo es obra suya.
El «mundo», en este sentido, tiene más de un sentido. Es el
planeta, por supuesto, saqueado por el infierno. Es la carne, afli-
gida con la debilidad del pecado original. Y es el mundo social,
el mundo históricamente producido de los seres humanos, con
sus logros, placeres y productos. Cuando la hartura es generalizada, es una hartura verdadera del mundo, de hecho, se odiarían
los tres.
Despreciar estemundo en cualquier sentido, sin embargo,
debe necesariamente conllevar amar un otromundo que existe,
por ahora, solamente en el seno de nuestros sueños. Un otromundo que no se ha concebido aún y que mucho menos ha nacido. El odio del mundo siempre es implícitamente utópico, pre-
supone la existencia de otro mundo en el que las cosas funcionan
mejor, incluso aunque no haya manera de decir qué aspecto tendría. Incluso aunque sea inefable.
Ahí es donde la dimensión de la fe entra en la política y ahí es
donde debe abandonarse un determinado tipo de mundanidad.
Siempre hay un punto más allá del cual nuestras afirmaciones,
por muy materialistas que sean nuestras premisas, no pueden
tener un fundamento racional. No podemos demostrar que otro
mundo es posible y, más allá de algunos preliminares, no podemos ni siquiera hablar con sensatez acerca del aspecto que ten-

---

[1] Nietzsche, *Ecce Homo*, Londres, Penguin, 2004, p. 101 [ed. cast.: *Ecce
homo. O cómo se llega a ser lo que se es*, Andrés Sánchez Pascual (trad.), Madrid, Alianza, 2011].

dría. Marx era escéptico sobre los planos de la utopía por una buena razón. La fe nos conecta con lo desconocido, con esa parte de la existencia que ni siquiera puede ser hablada. Estemundo es una especie de estrechez mental. Al afirmar que estemundo es todo lo que hay y todo lo que podrá haber, y que sus tareas y logros son, por lo tanto, todo lo que importa, fingimos una omnisciencia –«Eso no va a ocurrir nunca»– y, por lo tanto, desterramos todo lo que es inefable e incognoscible. Empobrecemos nuestro repertorio y nos convertimos –como decía Daniel Bensaïd de la historiografía posterior a la Guerra Fría– en «notarios del hecho cumplido»[2].

Y, al hacerlo así, y, en cierto modo, dejamos en realidad de implicarnos con el mundo, puesto que ya no esperamos que nos sorprenda. Se vuelve algo muerto, inerte, y nosotros también. Tan muertos como los huesos secos.

III

Este mundo, que a veces llamamos civilización, solo existe a medias.

La civilización, escribía Freud en *El porvenir de una ilusión*, es un medio de librar una guerra contra la naturaleza. Pero la sensación de dominio que nos proporciona la civilización es ilusoria, y está sometida a «los elementos que parecen burlarse de todo control humano» y que elevan «en nuestra contra, majestuosos, crueles e inexorables»[3] el regreso de lo reprimido.

Si el dominio es una defensa contra la angustia de la dependencia (una dependencia que reconocemos en esas frases sensibleras como «madre naturaleza» y «tierra madre»), entonces

    [2] Citado en Enzo Traverso, *Left-Wing Melancholia: Marxism, History and Memory*, Londres, Verso, 2017, p. 225 [ed. esp: *Melancolía de izquierda. Marxismo, historia y memoria*, Horacio Pons (trad.), Ciudad de México, Fondo de Cultura Económica, 2018].
    [3] *The future of an illusion*, en Peter Gay (ed.), *The Freud Reader*, Nueva York, W. W. Norton & Co., 1995, p. 693 [ed. cast.: *El porvenir de una ilusión*, Luis López-Ballesteros y de Torres (trad.), Madrid, Taurus, 2012].

solamente puede suscitarnos nuevas angustias. El control que los seres humanos hemos logrado «sobre las fuerzas de la naturaleza», nos dice Freud en *Civilización y sus descontentos*[4], es tal que «no tendrían ninguna dificultad para exterminarse mutuamente hasta el último hombre». Hoy en día, en la sexta extinción en masa, estamos exterminando a las otras especies. Hemos cogido la ruta panorámica hacia nuestra propia exterminación.

Los mitos de la era, del individuo libre y soberano, del emprendedor como valiente pionero, no son más que himnos de muerte. Puede que necesitemos nuevos mitos que reconozcan la dependencia, incluyendo su lado oscuro. El problema con el mito de la Madre Tierra, en este sentido, no es necesariamente su cursilería. Es que, como todas las idealizaciones, suprime la ambivalencia que siempre tenemos hacia las madres, porque ellas siempre son ambivalentes hacia nosotros. La misma Madre Tierra que da la vida, también periódicamente ahoga hasta la muerte a buena parte de esta vida. Planta a la Madre Tierra ante las caras de la gente demasiado tiempo y acabarán anhelando el matricidio.

La tierra que conocemos, sobre la cual la vida floreció y se expandió previamente en los mares y los arrecifes que recalaron entre una vegetación exuberante, apenas tiene trescientos millones de años. Y, sin embargo, esta misma era, el periodo carbonífero, que nos dio una inmensa floración de la tierra y que llenó de oxígeno el aire, nos regaló también un hiperobjeto extraño y venenoso: el combustible fósil. Un fósil para alimentar nuestras fantasías de control y después reducirlas sin piedad a una broma pesada. La expresión de Donald Winnicott «una madre lo suficientemente buena» venía cargada, muy cargada, con el «alimento tóxico» de Michael Eigen[5]. Necesitamos un mito mejor que este.

---

[4] Freud, *Civilization and Its Discontents*, Londres, Penguin, 2002, p. 105.
[5] Donald W. Winnicott, *Playing and Reality*, Londres, Tavistock Publications, 1971 [ed. cast.: *Realidad y juego*, Floreal Mazia (trad.), Gedisa, 2008]; Michael Eigen, *Toxic Nourishment*, Londres, Karnac Books, 1999.

IV

Lo que llamamos desencantamiento se relaciona muy estrechamente con la omnisciencia y con las ideas de dominio. En un mundo desencantado, todo en principio es calculable, inteligible a la luz de los principios científicos y racionales. Si aún no hemos encontrado la explicación de algo, no hay ninguna duda de que podremos hacerlo. Todas las sorpresas están previamente garantizadas.

Pero si la precondición del desencantamiento es la idea baconiana de la ciencia como la esclavitud y el saqueo de la «naturaleza» por parte de los seres humanos, entendiendo la «naturaleza» como separada de los seres humanos, entonces el desencantamiento es un engaño. En último término, como ha escrito Moore, el desencantamiento constituye diversas «naturalezas» a través de la pantalla del capital[6]. Lo que no produce valor para el capital es pasivo, «barato», y está ahí para ser saqueado.

La filósofa Jane Bennett defiende en *The Enchantment of Modern Life* que nos vendría bien que la historia del desencantamiento no nos impresionara tanto. Es un cuento que la modernidad se ha contado acerca de sí misma, de su origen y su *telos*, pero es sospechoso, tanto analítica como éticamente. Analíticamente, porque trata la materia como algo simplemente inerte, para así considerarla dominable. Éticamente, porque obstaculiza los tipos de experiencia a partir de los cuales sería más probable fomentar la generosidad.

Siguiendo a Nietzsche, Bennett arguye que la piedad, la culpa, el victimismo y el resentimiento son malos motivos para desaprender el daño y adquirir generosidad ética. Lo más probable es que estos afectos nos vuelvan más mezquinos, nos pongan más a la defensiva, sea más probable que queramos controlar y gobernar el mundo y que encontremos consuelo en las desgracias, grandes o pequeñas, que infligimos a otros. Lo mismo puede decirse de la melancolía ecológica acerca de la que ha escrito Lertzman.

---

[6] En *Anthropocene or Capitalocene?*

41

La capacidad de encantamiento, que tanto ha costado ganar en un mundo áspero, es una coartada más plausible para la justicia. Estar bajo el encanto de algo en el mundo es simultáneamente sorprenderse, prendarse y desasosegarse ante ello. De repente, algo en la cotidianidad nos impresiona porque es nuevo y extraño. Nos absorbe en su particularidad insólita durante un momento, suspendiendo el habitual flujo temporal del tiempo-trabajo capitalista, nos cuestiona nuestras certezas sobre estemundo.

V

La cuestión que tácitamente plantea la experiencia de la melancolía ecológica es: «¿Y si fuera demasiado tarde?».

Hubo un momento, en el siglo pasado, en que el aparato de la extinción estuvo seriamente amenazado. Cuando lo que estaba en juego era la supervivencia del modo de producción capitalista. ¿Y si la consecuencia de la supervivencia del capitalismo durante otros cien años supone la desaparición de especies, o de la misma vida sobre la tierra?

¿Y si, de hecho, todo lo que ahora estamos haciendo es preparar nuestro definitivo entierro como un residuo geológico? ¿Y si esta ilocalizable tristeza se adhiere a las especies, atenuando la luz diurna, diezmando las estrellas, interponiéndose entre la vida y los seres vivos como si ya estuviéramos medio perdidos, como si los objetos del mundo pasaran ante nosotros como si procedieran de otra dimensión perdida, en una procesión fúnebre? Como un tirano, esta melancolía exige una satisfacción constante, recordándonos que no debemos ser nunca demasiado exuberantes, nunca demasiado amables, nunca demasiado libres, que la vida nunca nos sorprenda ni nos emocione. A medio partir, en una tumba abierta, el tráfico de la vida tronando sobre nuestras cabezas: todo eso junto es demasiado. ¿Merece tanto barullo, si no somos más que un conjunto de huesos secos? Estas son las pasiones tristes del Antropoceno.

Entonces, que el hielo de la tundra se derrita, que el océano se vuelva ácido, que el metano brote y haga hervir el Ártico. Que los multimillonarios sean nuestros dioses, con deslocalizadas pretensiones sobre nuestro futuro que desaparece. Que los chabacanos petroleros sean chiquillos eternos, y que, quienes puedan, que vivan como reyes malignos. Que una raza completa de Trumps surja para extasiarse con su propia mierda. Hasta que un efecto invernadero desbocado convierta a la Tierra en Venus. Hasta que la última ráfaga color miel ámbar de una dispersa brisa otoñal se vuelva viento y fuego solar.

Hay, además, una cierta satisfacción encubierta, una compensación en la contemplación de nuestra total destrucción. Es como imaginar el propio funeral. Como señalaba Freud, nadie cree inconscientemente en su propia mortalidad. No creemos que vamos a morir. La fantasía se estructura en torno a una imposibilidad, en este caso la de ser testigos de nuestra propia ausencia. Así, cuando nos confrontamos de manera incesante e inmisericorde a la ecomuerte, descubrimos que el consuelo secreto es la reinstauración de la inmortalidad y la omnipotencia. El conocimiento por sí solo no nos salvará.

VI

Si el peligro del desencantamiento es que efectivamente nos entierra cada vez más en una lógica de saqueo nihilista, de odio suicida a la especie y de melancolía, no hay refugio en un encantamiento superficial.

Siempre hay un punto en el que la ecocrítica se convierte en erotismo y, aun así, la capacidad de un encuentro encantador siempre puede ser usurpado por otro simple tópico romántico sobre la «naturaleza» y el «planeta azul». El encantamiento corre el peligro de transformarse en su opuesto. Al producir la naturaleza como una especie de «experiencia» fiable, en un ecoDisney que nos promete la misma emoción cada vez, reproducimos la pantalla del capital y la lógica del desencantamiento.

El extraordinariamente popular programa de la BBC presentado por David Attenborough, *Blue Planet*, ahora en su segunda temporada, es el ejemplo más sublime de esta tendencia. En este

43

programa, como en *Frozen Planet*, *Planet Earth* e innumerables otros, Attenborough es un dios patriarcal, blanco, benigno y acaramelado, cuya voz resuena cálidamente desde el interior de la tierra, comentando la insoportable belleza de su creación y de sus hechos. Es bellísimo, arrebatador y en ocasiones inquietante. Implica deseos y miedos inconscientes, convoca proyecciones e identificaciones, creando los cuadros más atractivos mediante los cuales ponernos a soñar. A veces, es verdaderamente extraño. Las gozosas inmersiones oceánicas rápidamente se vuelven terribles. De repente aparecen predadores y desconcertantes chucherías salobres, iluminadas por un foco en las oscuras profundidades marinas. Durante unos segundos de metraje, el cefalópodo, una inteligencia realmente extraña y evolucionada, barre a propulsión el suelo abisal del océano y te encuentras con tu horroroso e inescrutable doble[7]. Galopando sobre costa rocosa, hipertróficos elefantes marinos, chirriando, chillando y desgarrándose mutuamente, exhalando vapor y escupiendo sangre, aplastando a las crías con sus cuerpos gordos y alienígenas, mostrándonos nuestros propios e idiotas impulsos.

Como en la pornografía, las identificaciones saltan de un lado a otro, entre el oso polar y el leopardo marino, la gamba arlequín y la estrella de mar, la orca y la foca marina, el zorro del ártico y el frailecillo, el cazador y la presa, el comedor y el comido, el follador y el follado. Y, a lo largo de todo esto, el metraje con muertes en directo, los asesinatos, los cadáveres, los carroñeros, delatan la silenciosa llamada de Tánatos acechando dentro de este género de ecofilia que roza lo pornográfico.

Pero allí donde surge lo verdaderamente extraño, el estemundo resabiado se filtra de nuevo en cada grieta. No importan las especies, no importa el clima, desde el frío ártico hasta el mural trópico, desde las cumbres a las fosas, de los artrópodos a los mamíferos, la voz tutelar de Attenborough interrumpe con un análisis antropomórfico de su sexualidad, agresividad, rivali-

---

[7] Carl Safina, «Thinking in the Deep: Inside the Mind of an Octopus», *New York Times*, 27 de diciembre de 2016.

dad, afecto y parentesco. Está la casa, la familia, la propiedad y el robo, están los machos brutales y las hembras difíciles, imposibles de complacer, los padres ausentes y las crías, los pollitos y los terneros suavemente mordidos, picoteados o sostenidos en las espaldas megapterinas de sus devotas madres. Actitudes, valores y estados afectivos sociales modernos son imputados a todo género de criaturas.

Es esa afirmación tácita de que, por brutal que sea, por amenazador y atrayente que sea en algunos momentos, nada en el mundo es realmente otro, nada apunta a un más allá, y todo lo que vive es exactamente igual que nuestra vida. Puede que haya otros seres humanos, pero no hay aliens. Puede que haya otros planetas, pero no hay otros mundos. Solamente este, una trampa mortal.

Hay, menos mal, un límite en el antropomorfismo, un límite del resabio. Algunas criaturas no pueden humanizarse. Ese extraño híbrido, planta-animal, sexual-asexual, individuo-comunidad, el arrecife de coral, no tiene una «personalidad» de la que se pueda hablar.

Miles de pólipos, compartiendo el mismo exoesqueleto, que es excretado, y una única cavidad estomacal, de alguna manera han construido el sumidero de nutrientes más eficaz del océano, un oasis de vida en los desiertos marinos. Son más productivos que los bosques, o que las sabanas, las costas o el mar abierto, son el hogar de un cuarto de la vida marina. Y son el destino de todo tipo de criaturas, desde las rayas a los tiburones, pasando por las tortugas marinas que buscan limpiarse allí de sus parásitos y de su piel muerta, que algunos animales de los arrecifes comen.

Estos arrecifes, por supuesto, son inframundos de saqueo y presa, tumbas acuáticas de millones de criaturas, donde la vida nocturna sirve únicamente para los depredadores carnívoros. Después de cada anochecer, los terrores, el frenesí bullicioso por alimentarse, la ducha de escamas y partículas finas. Pero aún así, la vida se da con mayor abundancia que en ningún otro lugar del océano. El arrecife prospera mediante la dependencia y la cooperación, de una manera completamente alienígena.

45

VII

> «O habla a la tierra, y ella te enseñará;
> Los peces del mar te lo declararán también».
>
> Job, 12:8

El encantamiento tiene un vínculo etimológico con cantar, con la poesía y la oración. Como escribe Dana Gioia, el ritmo y el ritual de la poesía busca despertar y dar forma y fuerza al deseo. Encantar, recitar, es desear[8]. Si, como decía Walter Benjamin, soñar tiene su función en la historia, encantar tiene su función en el futuro[9].

La capacidad de imaginar otromundo puede compararse a lo que Keats llamaba «capacidad negativa». Para encantarse hay que tener disposición para experimentar algo sin intentar inmediatamente buscarle un por qué. Hablar de ello es solo hablar a medias. Es hacer un gesto meramente musical hacia un conocimiento que es completamente un conocimiento a medias.

También puede ser una especie de fe. Algo en el mundo, inefable, imposible, inquietantemente, da forma a un deseo, a un futuro, que aún no tiene siquiera palabras, cuanto menos un mundo que habitar. Estar en un lugar en el que se puede aprehender algo así, sin embargo, es haber hecho una apuesta secreta de que pueden existir otros mundos. Es creer en una dimensión del más allá que solamente pueden hablar el góspel, la canción, la poesía o la oración.

Este es el «sentido de exceso inefable» del que ha escrito China Miéville en *The Guardian*[10]. El «espacio blanco sobre blanco» de la portada de *Pravda* en aquellos Días de Julio publicita una extrañeza, una brecha; las palabras no dichas, los cálculos estratégicos abortados, las posibilidades que quedan latentes, las vidas

---

[8] Dana Gioia, «Poetry as Enchantment», *Dark Horse*, 34, 2015.

[9] «Dream Kitsch: Gloss on Surrealism», en *The Work of Art in the Age of Its Technological Reproducibility, and Other Writings on Media*, ed. Michael W. Jennings, Brigid Doherty y Thomas Y. Levin, Cambridge, MA, Harvard University Press, 2008.

[10] «Why Does the Russian Revolution Matter?», 6 de mayo de 2017.

no vividas, los mundos no nacidos y todo lo que nunca podría decirse con ninguna palabra en absoluto, todo ello clamando y alborotando por ese pequeño espacio.

Lo que ese pequeño espacio en blanco decía, lo decía apofánticamente: «La antigua tiranía de los hechos consumados se suspende». La maquinaria de la exterminación se desarregla. Ya no se sabe nada más, los cálculos fallan, el dominio se extingue. El polvo es carne y los asesinados viven; la palabra los agita en sus tumbas vacías y así ellos, que durmieron a través de los cañonazos, los disparos y la muerte de millones, se despiertan y florecen. La tierra no es tu trampa mortal; tu tierra es hermosa y aún es el amanecer de la vida.

Estas fueron las noticias, inconsciente pero extáticamente transmitidas, abrasando la tierra como la llama misma de Yahvé, de este a oeste, de oeste a este, hacia las granjas, fábricas, fronteras, soldados, marineros y soviets, el 4 de julio de 1917.

CAPÍTULO V

El genio atómico

11 de septiembre de 2018

I

La cuestión no es si estamos a favor o en contra de la energía nuclear. La tierra se formó por una fusión nuclear, fue un producto colateral del desecho nuclear de una estrella que explotó. Keith Barnham, ecologista y físico en el Imperial College de Londres, argumenta en su libro *The Burning Answer*, que existimos gracias a la energía nuclear del sol, que impulsó la evolución mineral del planeta, de la geoquímica a la bioquímica[1]. Hizo las plantas que produjeron oxígeno como un producto residual, con el que sobreviven los mamíferos.

La cuestión es si, en lugar de construir reactores nucleares sobre la tierra, podemos confiar en el reactor de fusión nuclear que está en el núcleo del sol. Esta no es una pregunta socialmente neutra. Hace poco, *The Economist* destacaba un problema mortal de la energía solar. Es demasiado abundante: «Puesto que una capacidad solar adicional produciría energía en los momentos en los que ya habría una saturación, los dividendos de las posteriores inversiones en la capacidad solar disminuirían»[2].

Para ser más precisos, la energía solar es demasiado abundante como para arrojar beneficios económicos. Aunque sea de manera intermitente, en los momentos pico, habría un inmenso excedente potencial de energía. Cuanto mejor sea la infraestructura solar, peor será para los dividendos de las inversiones.

---

[1] Keith Barnham, *The Burning Answer: A User's Guide to the Solar Revolution*, Londres, Weidenfeld & Nicolson, 2014.
[2] «More Solar Power Hurts Nuclear Energy. But It Also Hurts Itself», *The Economist*, 8 de septiembre de 2018.

Afortunadamente, nuestro amigo el átomo acude al rescate. *The Economist* se siente aliviado cuando señala que la nueva legislación en el Estado de California permite la posibilidad de que la energía nuclear se considere «un recurso carbono cero». Las empresas ya hacen cola para invertir en proyectos de energía nuclear. Hay que decir que pocas veces llegan muy lejos sin enormes subvenciones estatales, como ocurrió con Hinkley Point C, en Somerset. Y que los Estados más adictos a la energía nuclear suelen ser los que tienen armamento nuclear o un interés por conseguirlo. Pero es evidente por qué *The Economist* preferiría un capitalismo de Estado de amiguetes a una abundancia que no dé beneficios.

II

Pero no es únicamente *The Economist*. El apoyo a la energía nuclear ha llegado hasta el corazón del sistema del cambio climático. El IPCC ha cambiado de postura a lo largo de los años. Pero el Quinto informe, de 2014, ha sido quizá el más optimista de toda su historia.

¿Por qué, entre 2011 y 2014, el IPCC pasó de minimizar el papel de la energía nuclear a ensalzarla como un elemento clave en la atemperación del clima? La respuesta corta y sorprendente es que adoptó el marco de trabajo de la International Atomic Energy Agency (IAEA), un organismo que existe para fomentar el uso civil de la energía nuclear[3].

En su Quinto informe, el IPCC cita con asiduidad al IAEA, a la vez que ignora la abundante bibliografía sobre el tema que se muestra crítica de la energía nuclear. La IAEA, por supuesto,

---

[3] Suzanne Waldman, «Timeline: The IPCC's Shifting Position on Nuclear Energy», *Bulletin of the Atomic Scientists*, 8 de febrero de 2015; Aviel Verbruggen y Erik Laes, «Sustainability Assessment of Nuclear Power: Discourse Analysis of IAEA and IPCC Frameworks», *Environmental Science & Policy*, 51, 2015, pp. 170-180; IAEA, *Methodology for the Assessment of Innovative Nuclear Reactors and Fuel Cycles Report of Phase 1B (first part) of the International Project on Innovative Nuclear Reactors and Fuel Cycles (INPRO)*, IAEA-TECDOC-1434, Viena, IAEA, 2004.

describe la energía nuclear como algo que ofrece «recursos energéticos prácticamente ilimitados» para luchar contra el cambio climático. Su modelo de «sostenibilidad» son los criterios industriales de «buenas prácticas». La aceptación por parte del IPCC de este marco socava su papel no prescriptivo, asesor, y hace pensar que se adapta a los compromisos previamente adquiridos de los responsables políticos. En cualquier caso, ha supuesto que las premisas de la industria sobre la sostenibilidad hayan sido legitimadas en el nivel más alto.

El Comité del Cambio Climático británico (CCC) está de acuerdo con que la energía nuclear debe ser fundamental para descarbonización[4]. Y el gobierno ahora se ha comprometido a una gran expansión de la capacidad de energía nuclear a lo largo de los próximos veinte años[5]. Este compromiso implica un coste considerable para los contribuyentes. El gobierno del Reino Unido tiene un plan de subvención para los reactores nucleares que implica la financiación pública de la diferencia entre los precios al por mayor de la electricidad y el elevado coste fijo de la electricidad nuclear[6]. Este plan, que beneficiará a empresas energéticas como EDF, fue aprobado por la Comisión Europea. Así pues, el apoyo institucional para la expansión de la energía nuclear como un puente hacia un futuro de combustibles post fósiles es ancho y profundo.

El apoyo a la energía nuclear no está limitado a los gobiernos. Hay un puñado de periodistas de izquierdas, desde George Monbiot a Leigh Phillips, que son enfáticamente pronucleares[7]. No como una alternativa a las energías renovables, sino como un suplemento de estas. Como un proveedor de energía básica, para

---

[4] Committee on Climate Change, *The Renewable Energy Review*, Londres, CCC, 2011.

[5] Andy Stirling y Phil Johnstone, «Why Is the UK Government So Infatuated With Nuclear Power?», *The Guardian*, 29 de marzo de 2018.

[6] International Institute for Sustainable Development, «The United Kingdom Is to Subsidize Nuclear Power–But At What Cost?» [https://www.iisd.org/story/the-united-kingdom-is-to-subsidize-nuclear-power-but-at-what-cost/].

[7] Monbiot, «Why Must UK Have to Choose Between Nuclear and Renewable Energy?», *The Guardian*, 27 de mayo de 2011; Phillips, «People's Fission», *New Republic*, 14 de abril de 2016.

respaldar a las fuentes de energía intermitentes como la eólica y la solar. Para descarbonizar rápida y expeditivamente la red, de forma que nuestros nuevos coches, autobuses y trenes eléctricos y nuestros nuevos sistemas de calefacción eléctrica no aceleren la crisis. Como no hay opciones carbono cero, se defiende que la energía nuclear estaría casi tan a mano como el viento y el agua para llegar a ese objetivo.

Eso no quiere decir que necesariamente se apunten a cualquier despilfarro nuclear público-privado. Monbiot, por ejemplo, se mostró muy crítico sobre el carísimo proyecto Hinkley Point C en un artículo en *The Guardian* de septiembre de 2016[8]. Pero sí defiende el principio de una expansión masiva de la energía nuclear, liderada por el sector público, como una parte de la solución, segura y eficaz, respecto al carbón.

III

Lo sorprendente sobre la defensa de lo nuclear es que llega en un momento en el que la industria está en crisis y amenazada de declive. Mirad lo rápidamente que llegamos al *«peak oil»* y *«peak uranium»*.

Han hecho falta 240 millones de años de incubación subterránea a gran presión de la flora muerta para crear las reservas de petróleo. Nos han bastado unos cien años para explotar la mitad de todo eso. Los depósitos de uranio se han formado por procesos más viejos que el planeta mismo. Nos ha bastado medio siglo para explotar la mitad de sus existencias.

Según el físico Michael Dittmar, solamente entre el 50 y el 70% de los recursos de uranio como media pueden ser minados, dependiendo de la situación. Se calcula que todo el mineral disponible se agotará en como mucho 70 años[9]. En Europa, la

---

[8] «Nuclear Power – Yes Please. Hinkley Point – No Thanks», 15 de septiembre de 2016.

[9] Michael Dittmar, «The End of Cheap Uranium», conferencia *World Resources Forum*, Davos, 20 de septiembre de 2011.

minería de uranio se agotó en su mayor parte en la década de 1990. En China, donde las reservas de uranio son aún abundantes, y donde el gobierno está invirtiendo sobre esa base en energía nuclear, se espera alcanzar el pico de suministro en 2042. En una reunión de 2011 del Foro de Recursos Mundiales en Davos, Dittmar calculaba que «la fase de plateau de la producción», al ritmo actual, duraría unos diez años, después de los cuales probablemente descendería. Pero la producción tiene que aumentarse para mantener el papel de la energía nuclear en la descarbonización. Incluso suponiendo unos suministros sostenibles o nuevos descubrimientos que contrarresten la escasez, el aumento en la demanda es probable que eleve espectacularmente los precios[10].

Se ha iniciado la búsqueda de un milagro tecnológico que resuelva este problema. Actualmente los gobiernos están invirtiendo en posibles procedimientos para extraer uranio del agua del mar[11]. Es en sí misma una línea de investigación fascinante, que se puede remontar a los trabajos militares-científicos británicos durante la Guerra Fría. Pero está aún en un estadio experimental. No hay muchas posibilidades de que se convierta en poco tiempo en una salida comercial global. Actualmente, esta energía tiene unos límites muy definidos. Y, dada la poca fiabilidad en general de los cálculos de la industria sobre los «recursos razonablemente garantizados», estos límites pueden empezar a presionar antes de lo que imaginamos. Incluso con los recursos cada vez más agotados, la energía nuclear actualmente no proporciona más del 3% de la energía global. El uso global de la energía nuclear ha ido descendiendo desde 1996, según el informe de World Nuclear Industry Status Report de 2017. Incluso si fuera posible un enorme aumento del uso de la energía nuclear, no cambiaría un ápice el problema.

---

[10] Antoine Monnet, Sophie Gabriel y Jacques Percebois, «Long-Term Availability of Global Uranium Resources», *Resources Policy* 53 (2017).

[11] James Conca, «Uranium Seawater Extraction Makes Nuclear Power Completely Renewable», *Forbes*, 1 de julio de 2016.

IV

Cualquier fuente de energía impone tres tipos de costes: coste de carbono, coste financiero y coste de oportunidad. Toda inversión en una infraestructura energética tiene que ser a largo plazo. Este es el coste de oportunidad. Una vez que se construye una infraestructura se crean dependencias duraderas. Excluye otras opciones, por definición. Esto es cierto de las industrias de extracción petrolífera, de la energía eólica, hidráulica, solar... y es especialmente cierto en el caso de la energía nuclear. No se derivan únicamente del tiempo de vida de las centrales nucleares. A Hinkley Point C se le adjudica una vida de unos sesenta años, por ejemplo. Tiene más bien que ver con la cuestión del almacenamiento de los residuos. La mitad de la vida de los residuos de plutonio son 24.000 años, y aún quedaría mucho tiempo antes de que fueran seguros para el medioambiente. Aunque la mayoría de los reactores que ahora funcionan están localizados en las naciones ricas de la OECD, donde existen infraestructuras que se adhieren a los criterios mínimos de «buenas prácticas» de la industria, la industria no sabe cómo almacenar con toda seguridad los residuos durante un tiempo ni siquiera aproximado al que se necesitaría. Esto seguiría siendo cierto incluso si la industria no fuera, como dijo Monbiot, un montón de «sacos de mierda roñicas»[12].

Pongamos el ejemplo de la central de energía de San Onofre, en California. Southern California Edison, la empresa que la gestiona, construyó reactores no seguros y los hizo funcionar más allá de los límites permitidos de presión y temperatura. El resultado fue un escape de radiación y la planta se cerró. A la misma gente que había diseñado la planta se le dio el control de la gestión de residuos. Las autoridades locales les permitieron usar el mismo lugar para enterrar los residuos[13]. Se les dio una

[12] Monbiot, «The Nuclear Industry Stinks. But That Is Not a Reason to Ditch Nuclear Power», *The Guardian*, 4 de julio de 2011.

[13] Teri Sforza, «Watchdog: Nuclear Waste Can Be Stored at New San Onofre Site, Coastal Commission Says», *Orange County Register*, 7 de octubre de 2015.

considerable manga ancha para sortear las normativas que exigían que informaran públicamente de lo que estaba ocurriendo. Y el sistema de prevención de emergencias se esfumó, solamente para ellos[14].

Las demandas judiciales de la población residente les obligaron a trasladar los residuos y sacarlos de una zona con elevada densidad de población y mucha posibilidad de terremotos. Pero el sistema de contenedores que propusieron siguió siendo el mismo: almacenaje subterráneo en contenedores secos sellados fabricados con acero y cemento. Esto está diseñado para durar unos sesenta años, pero solamente se garantiza que duren veinticinco años. Y esta es la solución que se ha empleado en la mayoría de las más de 90.000 toneladas de residuo nuclear generadas por las centrales estadounidenses[15].

Históricamente, la mayoría de los residuos de Gran Bretaña se han almacenado en Sellafield. Debido a la naturaleza extremadamente peligrosa (y codiciable para gente peligrosa) de los materiales que hay allí almacenados, Sellafield se agenció su propia policía y cuerpo de bomberos. Pero eso no ha impedido una serie de recortes económicos, así como la habitual falta de personal y prácticas como almacenar residuos nucleares en botellas de plástico[16].

Las formas actuales de tratar el residuo nuclear denotan un pensamiento a cortísimo plazo sobre un problema que exige un pensar

[14] Véase United States Nuclear Regulatory Commission, «San Onofre Nuclear Generating Station, Units 1, 2, and 3 and the Independent Spent Fuel Storage Installation – Issuance of Amendments re: Changes to the Emergency Plan», 5 de junio de 2015, [https://publicwatchdogs.org/wp-content/uploads/2016/08/SONGS-ISFSI-NRC-Wengert-to-Palmisano-SCE-6-5-15-1.pdf] y Nina Babiarz, «Public Watchdogs Exposes Shocking Emergency Response Plans at SONGS», *Public Watchdogs*, 30 de septiembre de 2016.
[15] Mitch Jacoby, «As Nuclear Waste Piles Up, Scientists Seek the Best Long-Term Storage Solutions», *Chemical & Engineering News*, 30 de marzo de 2020.
[16] James Temperton, «Inside Sellafield: How the UK's Most Dangerous Nuclear Site Is Cleaning Up Its Act», *Wired*, 17 de septiembre de 2016, y Ruth Quinn, «Sellafield "riddled with safety flaws", according to BBC investigation», *The Guardian*, 5 de septiembre de 2016.

en «tiempo profundo»[17]. Gestionar el residuo nuclear requerirá que las generaciones futuras hagan inversiones y estrategias a largo plazo para compensar los gastos de la generación de energía hoy. Es otra forma de medir el coste de oportunidad.

V

Esto, por supuesto, se vincula con el tema del coste financiero. Como nos muestra *The Economist*, la manera de calcular el costo de cualquier fuente de energía depende de factores como bajo qué sistema y en interés de quién se produce esa energía. Actualmente, la estrategia dominante de los elementos más perspicaces en los Estados fósiles es tratar de orquestar una situación en la que las renovables sean comercialmente viables: en un mercado capitalista, que den beneficios. Por ejemplo, el gobierno de Gran Bretaña tiene un pequeño remanente en efectivo de subvenciones disponibles para las fuentes de energías bajas en carbón, por las que pueden competir las empresas eólicas, solares, hidráulicas y nucleares.

Hay todo tipo de incentivos perversos para que el gobierno de Gran Bretaña favorezca a las nucleares en esta competición, a pesar de que esta energía nunca ha dado beneficios sin contar con unas ingentes subvenciones. La industria nuclear civil británica tiene su origen en la producción militar de armas nucleares.

Por eso se dedica a reprocesar residuos nucleares, a extraer plutonio para la producción de nuevas armas. Es así también como terminó alumbrando la feliz idea de usar el residuo radiactivo, el uranio empobrecido, como arma[18]. Así que no nos sorprende que el gobierno británico haya elegido un elefante blanco bajo la forma de Hinkley Point C como su estandarte de

---

[17] Vincent Ialenti, *Deep Time Reckoning: How Future Thinking Can Help Earth Now*, Cambridge, MA, MIT Press, 2020.
[18] Véase Paul Brown, «First Nuclear Power Plant to Close», *The Guardian*, 21 de marzo de 2003 y «Cheap and Lethal Nuclear By-Product», ibid., 12 de enero de 2001.

energía para el futuro inmediato. Los mismos incentivos perversos se aplican en la Francia rica en WMD, donde la red es abrumadoramente nuclear.

En principio debería ser posible para cualquier gobierno de la izquierda radical adoptar un marco de trabajo con unos costes muy diferentes. Por ejemplo, el compromiso laborista con un sistema energético descentralizado y de titularidad pública cambiaría sustancialmente los cálculos. La rentabilidad no tendría por qué decidir si nos pasamos a las renovables y a qué velocidad lo hacemos. Sin embargo, un gobierno así debería desistir de los incentivos perversos que favorecen a la energía nuclear. No está tan claro que el laborismo lo hiciera. John McDonnell actualmente dice apoyar el despilfarro nuclear del gobierno[19]. El manifiesto laborista de 2017 se comprometía a un 60% de recursos renovables o de carbono cero en 2030, una forma de expresarlo que deja abierta la puerta para la energía nuclear. Esto es claramente en parte un producto colateral de la aceptación laborista del sistema cada vez más absurdo del Trident.

El problema es que este nexo militar, científico e industrial, y el papel en aumento del poder militar a la hora de organizar la lucha contra el cambio climático, lo que Geoff Mann y Joel Wainwright han llamado el «Leviatán climático»[20], hace que sea casi imposible basar las políticas en un análisis adecuado de los beneficios y los costes. Esta es una de las razones por las que el CCC se ha vuelto tan pro-nuclear. Se basa en parte en las conclusiones de que la energía nuclear sería más barata que las renovables, una condición que, como señalaba el ecologista Jonathon Porritt en una polémica con Monbiot en *The Guardian*, se aplicaría únicamente si la infraestructura renovable no estuviera adecuadamente desarrollada como para que fuera rentable[21].

---

[19] «UK Labour Party Split Over Nuclear Power», *Financial Times*, 6 de mayo de 2018.

[20] Geoff Mann y Joel Wainwright, *Climate Leviathan: A Political Theory of Our Planetary Future*, Londres, Verso, 2017 [ed. cast.: *Leviatán climático*, Ignacio Villaro (trad.), Madrid, Biblioteca Nueva, 2018].

[21] Monbiot, «Why Must UK Have to Choose Between Nuclear and Renewable Energy?», 27 de mayo de 2011; Porritt, «Why the UK Must

De hecho, como apuntaba el World Nuclear Industry Status Report en 2009, los costes reales de la energía nuclear a menudo se ocultan por una serie de razones. Las contribuciones públicas se suprimen por completo de los informes de gastos, por ejemplo. Pero también, como se ha sugerido antes, a una gama de incertidumbres válidas sobre la disponibilidad futura de las materias primas, así como sobre la fiabilidad de las garantías industriales.

VI

¿Cuál es, entonces, el coste de carbono de las centrales nucleares? ¿Podemos pagarlo? No son los mercados capitalistas los que han puesto un precio al coste del carbono. De hecho, no tienen ni idea de cómo adjudicarle un precio. La clave de todos estos costes es que son externalidades.

Más que esto, la huella de carbono no se puede medir respecto a los precios del mercado. No hay manera de cuantificarla en relación con los costes de la fuerza de trabajo condensada en una mercancía concreta. Es una característica del destino de toda la especie humana. Es un tema político. Por eso, los intentos de emplear los mecanismos del mercado para simular un precio del carbono (por ejemplo, las tasas de carbono o el sistema de cuotas) han sido completamente ineficaces.

La buena noticia es que los gobiernos, con algunas grandes excepciones, ahora aceptan el objetivo de las emisiones cero de carbono para el año 2050. Ese compromiso es mucho más grande que sus preparativos reales. Además, parecen estar esperando a que los gigantes del combustible fósil se disuelvan poco a poco, o se diversifiquen en las renovables, cuando estos tienen unas enormes inversiones en energía fósil que tienen que usar durante décadas para que sean rentables. La cuestión es, ¿la energía nuclear puede ayudarnos aquí? ¿Es un puente útil hacia las emi-

Choose Renewables Over Nuclear: An Answer to Monbiot», 26 de julio de 2011.

siones de carbono cero? ¿Cuál es la huella de carbono de la energía nuclear? Una vez más, el IPCC es sorprendentemente optimista a este respecto[22]. Calcula cuánto dióxido de carbono emite cada fuente de energía por cada hora de uso. Puesto que el dióxido de carbono no es el único gas que calienta la atmósfera, también tiene en cuenta equivalentes como el metano. La medida se llama «gramos de dióxido de carbono por kilovatio/hora» (gCO_2/kWh). Y apunta a que la energía nuclear no puntúa tan bien como las renovables en este índice, pero, en el conjunto de la investigación, puntúa mejor que la energía hidráulica, mejor que la solar y casi empata con la eólica.

Por supuesto, el IPCC no ha llevado a cabo su propia investigación. Cita la investigación que han hecho otros. En lo que respecta a la energía nuclear, el Anexo II del Quinto informe deja claro que las cifras se basan en dos metaanálisis. Estos fueron dirigidos por Manfred Lenzen (2008) y Ethan Warner y Gavin Heath (2012)[23]. Es un rango de fuentes mucho menor que las que se citan para cualquier otro recurso energético, pero se puede justificar porque son revisiones metaanalíticas, no estudios individuales.

No obstante, así como omitía en su análisis general las investigaciones críticas con la energía nuclear, en sus cálculos el IPCC omitía la revisión metaanalítica de Benjamin Sovacool (2008), que arrojaba una cifra mucho más alta para las emisiones de carbono de la energía nuclear[24]. El cálculo medio que hacía el IPCC de la

[22] Steffen Schlömer, «Annex III: Technology-Specific Cost and Performance Parameters», en *Climate Change 2014: Mitigation of Climate Change. Contribution of Working Group III to the Fifth Assessment Report of the Intergovernmental Panel on Climate Change* [(ed. Original: Edenhofer *et al.*, Cambridge, CUP, 2014].

[23] Manfred Lenzen, «Life Cycle Energy and Greenhouse Gas Emissions of Nuclear Energy: A Review», *Energy Conversion and Management*, 49, 2008, y Ethan S. Warner y Garvin A. Heath, «Life Cycle Greenhouse Gas Emissions of Nuclear Electricity Generation», *Journal of Industrial Ecology* 16, 2012.

[24] Benjamin K. Sovacool, «Valuing the Greenhouse Gas Emissions from Nuclear Power: A Critical Survey», *Energy Policy* 36 (2008).

cantidad de dióxido de carbono que emitía la energía nuclear durante una hora a lo largo de su ciclo de vida es de 12 gCO^2/kWh. La media que calcula Sovacool es de 66 gCO^2/kWh. Eso la situaría muy por encima de la energía geotérmica, hidráulica, eólica y solar, excepto que la medida de Sovacool es una media, mientras que el IPCC está usando una mediana. Están afirmando simplemente que la mitad de los cálculos de las emisiones nucleares que revisaron sus revisiones metaanalíticas estaban por debajo de la cifra de 12 gCO^2/kWh. Cuando las valoraciones varían demasiado, una media es sin duda mucho más útil, dependiendo de las razones de esa dispersión.

Sobre este mismo punto, como señalaba el ya mencionado físico Keith Barnham en *The Ecologist* en febrero de 2015, la investigación de Warner y Heath plantea otras dificultades. Su revisión metaanalítica toma en cuenta 99 cálculos, que trata como «independientes». Pero proceden únicamente de 27 artículos, lo que quiere decir que a estudios que arrojan una cantidad mayor de cálculos diferentes para el mismo modelo se les da un peso desproporcionado. Como dice Barnham, «son principalmente análisis que informan de huellas de carbono bajas». Su metodología hace descender la mediana inflando desproporcionadamente el número de cálculos que caen en la parte inferior. Además de esto, tanto las investigaciones de Sovacool como la de Warner y Heath incluyen estudios que pasan por alto buena parte del ciclo de vida nuclear.

VII

¿Por qué es tan difícil calcular el coste de carbono de la energía nuclear? Aparte de la combinación de incentivos perversos, intereses e ideología, hay que tener en cuenta dificultades que son intrínsecas al terreno.

Una buena parte depende, por ejemplo, de factores como la calidad del mineral que se extrae. Cuanto menor es la calidad, más carbono se emite durante su producción. En el caso del mineral de menor calidad, con un 0,0005% de concentración, el carbono emitido es mayor que en el caso del gas natural, según un análisis del ciclo vital de la energía nuclear de 2011 realizado por el Austrian Institute of Ecology y el Austrian Energy Agency[25]. Hay variaciones en la localización y en el método de extracción (mina a cielo abierto, subterránea, lixiviación *in situ*) que también marcan una diferencia.

Además, buena parte depende de las suposiciones que se hagan sobre los *inputs* asociados con el ciclo vital del suministro de energía. Diferentes investigaciones sobre las emisiones de la energía nuclear han partido de premisas muy diferentes sobre la construcción y operación de reactores, la preparación del combustible, el desmantelamiento y la gestión de residuos. Estas premisas, por supuesto, están influidas por premisas ideológicas inconscientes. También es importante el contexto energético que se supone. En este momento, por ejemplo, la energía requerida para producir suministros renovables necesitaría de unas importantes emisiones de carbono. Es porque la mayoría de nuestra energía aún procede del combustible fósil. Si, como ocurre en Noruega, el 99% de nuestra producción de electricidad procediera de renovables, entonces los cálculos serían mucho más bajos.

No es tampoco sencillo hacer una comparación punto por punto. La energía nuclear ha sido objeto de estrategias, financiación y construcción de infraestructuras por parte de los gobiernos durante décadas. Por mucha incertidumbre que generen, están ahí para quedarse y, de hecho, pueden empeorar a medida que se agoten los *stocks*. Después de todo, el coste de carbono de extraer y procesar el combustible es uno de los factores principales del total de emisiones de la energía nuclear. El sector de la energía renovable no tiene que lidiar con ningún factor combustible. Es, por definición, renovable. El mundo natural, si se pudiera controlar, suministraría de manera abundante sus fuentes.

[25] «Energy Balance of Nuclear Power Generation: Life Cycle Analysis of Nuclear Power – A Summary» [https://www.energyagency.at/fileadmin/dam/pdf/publikationen/berichteBroschueren/Endbericht_LCA_Nuklearindustrie-engl.pdf].

Pero está también infradesarrollado, es una fuente de energía para la que no se han construido aún infraestructuras. Ahí quedan, por supuesto, incertidumbres, dependiendo de dónde se sitúen los paneles solares o los molinos de viento, y de las intermitencias de la fuente a la que están sometidos. No obstante, lo que está claro es que el genio atómico no es la fuente limpia, eficaz, no problemática que sus defensores dicen que es. Las razones que se han dado para afirmar que la energía nuclear puede hacer la labor de las renovables, y de manera más estable, no son las buenas razones que se imaginan. La solución convence a los «me gusta la maldita ciencia» de la izquierda, porque parece que evitaría la tragedia. Una masiva ampliación estatalizada de la energía nuclear resolvería nuestro problema de la noche a la mañana, así que no tendríamos que enfrentarnos a ninguna decisión difícil sobre el consumo ni hacer una restructuración económica fundamental: es solo una cuestión de voluntad política.

Esta actitud evasiva ante la tragedia toca fondo en la afirmación de Monbiot de que no hay por qué elegir entre la nuclear y las renovables[26]. Desgraciadamente, sí hay que hacerlo. Son tipos de infraestructura muy diferentes, vinculadas a tipos muy diferentes de lógica estatista y a un cálculo muy diferente de la supervivencia humana (o, en el caso de que haya armamento nuclear implicado, de la extinción). Y cada céntimo que se gasta en energía nuclear es un céntimo que no se gasta en el desarrollo de la infraestructura esencial para las renovables. Y esta es una elección que puede acabar costándonos el planeta.

---

[26] Monbiot, «Why Fukushima Made Me Stop Worrying and Love Nuclear Power», *The Guardian*, 21 de marzo de 2011, y «Why must UK have to choose between nuclear and renewable energy?», *The Guardian*, 27 de mayo de 2011.

CAPÍTULO VI

¿Qué o a quién nos comemos?

26 de julio de 2019

De tanto en tanto, un titular suplica que se le interrogue. «La comida barata», nos informan, está destrozando la salud, tanto humana como ecológica. No es falso. De hecho, es una cuestión urgente e infraestudiada[1]. Pero podríamos pensar, ¿cuál es la alternativa? ¿Comida cara? ¿Dietas más restrictivas? No parece haber forma de imponer esas restricciones solamente a la población rica sin dañar a la población pobre. Además, si insistimos en que no podemos alimentar de manera barata a la población sin producir una catástrofe ecológica, ¿tenemos que hacernos malthusianos? No podemos escamotear la realidad de los límites naturales de los sistemas del planeta. Pero lo cerca que estamos de esos límites, y los efectos que tienen, es algo obviamente contingente a nuestro sistema social. Y, por supuesto, a la forma en la que este emplea la tecnología.

No hay, por ejemplo, ninguna razón necesaria para que 2.000 millones de personas pasen hambre o estén malnutridas cuando estamos produciendo más comida que nunca en la historia humana[2]. Tampoco es inevitable que un planeta de 11.000 millones de personas implique una privación masiva, incluso aunque hayamos cruzado muchos umbrales de la catástrofe ecológica. En principio, debería haber un número de seres humanos que sencillamente fueran insostenibles para el planeta, en cualquier caso. Pero, al menos en lo que se refiere al consumo alimentario,

---

[1] Damian Carrington, «True Cost of Cheap Food Is Health and Climate Crises, Says Commission», *The Guardian*, 16 de julio de 2019.
[2] «Two Billion People Without Access to Healthy Food: UN», *Al Jazeera*, 15 de julio de 2019, y Sarah Boseley, «World Hunger on the Rise As 820m at Risk, UN Report Finds», *The Guardian*, 15 de julio de 2019.

no estamos ahí[3]. Así que, si la comida barata está produciendo una crisis ecológica, es por una cuestión de conservación de la energía a una escala planetaria.

La comida es nuestra fuente de energía indispensable. En cuanto es un producto capitalista, se encuentra en la intersección de varios sistemas energéticos. La «red de la vida» es uno de ellos, por la que circulan enormes cantidades de energía química y calórica, en su mayoría extraída del sol y de componentes químicos inorgánicos. El primer estadio de la producción que conduce a la comida en nuestros platos no es plantar semillas ni criar ganado, sino la producción autotrófica de energía química conocida como fotosíntesis y quimiosíntesis.

El trabajo humano es otro sistema energético, que surge del anterior, que se distingue por el hecho de que es capaz de organizarse mediante una inteligencia colectiva simbólica. La industria capitalista, con su organización tecnocientífica de los procesos vitales, es otro. Otro es el capital fósil, las infraestructuras y los flujos de energía específicamente organizados en torno a la exhumación de antiguos restos de vida, para posibilitar específicamente la producción capitalista. Cada bocado que comemos es una cantidad condensada de estas distintas formas de energía.

Por ahora hemos entendido perfectamente las ineficacias energéticas de este sistema alimentario. La comida que cultivamos consume muchas más calorías de las que actualmente comemos. La vaca, por ejemplo. Un ejemplar maduro consume miles de kilos de maíz y soja en su vida y su sacrificio produce unos 250 kilos de carne. Estamos detrayendo enormes cantidades del sistema energético con cada hamburguesa. Ni que decir tiene que las largas cadenas de suministro, además de contribuir al desperdicio de casi un tercio de toda la comida, también suman a los costes de energía bajo la forma de gasto de combustible fósil. Pero, incluso si fuéramos vegetarianos que comen estrictamente

---

[3] Heinz-Wilhelm Strubenhoff, «Can 10 Billion People Live and Eat Well on the Planet? Yes.», *Brookings*, 28 de abril de 2015 [https://www.brookings.edu/blog/future-development/2015/04/28/can-10-billion-people-live-and-eat-well-on-the-planet-yes/].

producto local, señalan Raj Patel y Jason W. Moore en *A History of the World in Seven Cheap Things*, el empleo masivo de fertilizantes para aumentar la producción alimentaria supone que se necesiten diez calorías de petróleo para producir una sola caloría de alimento. Y que ese alimento tiene un valor nutricional cada vez menor, con independencia de su número crudo de calorías[4]. La ironía del sistema de «comida barata» es que es enormemente caro. No se percibe así dentro del marco del capitalismo, como señala Moore, únicamente porque la cantidad de fuerza de trabajo asalariada necesaria para producir la comida es relativamente poca. Y la factura salarial disminuye aún más por las formas de trabajo forzado y desposesión (que tienden a hacer que haya más personas disponibles para hacer trabajos mal pagados), así como fue históricamente suprimida por la esclavitud y por el genocidio del Nuevo Mundo[5]. Bajar el coste de la comida a su vez hace descender la combinación de costes que componen el precio medio de la fuerza de trabajo. Hace que el capital pueda adquirir más barata la fuerza de trabajo. (En este sentido, no es el marxismo el que tiene una «teoría del trabajo-valor», sino el capitalismo: el marxismo simplemente ha concienciado de este precepto, ha convertido lo inconsciente en consciente).

Pero la «comida barata» no es únicamente cara en el sentido de que es una carga dilapidadora, agotadora e insostenible para los sistemas energéticos de la tierra. Destruye también, de una manera bastante conspicua, los sistemas de energía en los que se basa[6]. Al descomponer y degradar la red de la vida, extinguiendo especies, saca de la circulación enormes cantidades de energía. Al carbonizar el aire y el agua y acidificar los océanos, mata el fitoplancton responsable de la producción más primordial y también de casi la mitad del oxígeno que, como sabéis, necesita la vida celular dependiente de los metabolismos aeróbicos para

---

[4] Raj Patel y Jason W. Moore, *A History of the World in Seven Cheap Things: A Guide to Capitalism, Nature, and the Future of the Planet*, Berkeley, CA, University of California Press, 2018.

[5] Jonathan Watts, «Amazon Deforestation Accelerating towards Unrecoverable "Tipping Point"», *The Guardian*, 25 de julio de 2019.

[6] Damian Carrington, «True Cost of Cheap Food», cit.

producir energía, como parte de un proceso químico que llega hasta el ciclo Krebs. Moore llama «valor negativo» a esta fuerza destructiva[7]. Es el sistema de geoingeniería más perverso de la historia humana.

Este sistema de «comida barata» está llegando a unos límites insostenibles. Es posible que la tecnociencia capitalista acuda al rescate. Los posibles pioneros de la próxima «revolución verde» llegan desde el exterior de la agricultura convencional, bajo la forma de gigantes tecnológicos como Google o Microsoft. La producción digitalizada de comida se ofrece como una manera de reducir el despilfarro de la fábrica. La agricultura de altos resultados promete respetar los hábitats naturales[8]. Pero el rescate será solo momentáneo. La paradoja de la eficiencia energética, la «paradoja de Jevons», es muy conocida. Estos tecnochutes, que dejan en su lugar las relaciones de producción capitalistas, simplemente permiten una explotación y destrucción más intensiva de los sistemas de la tierra. Saquearán mucha más energía.

El problema no son las tecnologías en sí, sino los fines humanos que automatizan. No hay una razón necesaria por la que la agricultura de alto rendimiento no acabe en más uso de la tierra, más gasto de energía, más destrucción de especies. Es solo la manera en la que funciona bajo un sistema de competencia anárquica, donde el único imperativo es acumular rentabilidad. Se podría imaginar, con un juego de imperativos diferentes, con un cierto grado de cooperación y planificación global y con una infraestructura de energía renovable, que técnicas como la agricultura de alto rendimiento, los invernaderos aeropónicos y cosas así se usarán en una estrategia de Medio Planeta[9].

---

[7] «Cheap Food and Bad Climate: From Surplus Value to Negative Value in the Capitalist World-Ecology», *Critical Historical Studies* 2/1 (2015).

[8] Bill Gates, «Food Is Ripe for Innovation», *Mashable*, 21 de marzo de 2013; S. Jagtap y S. Rahimifard, «The Digitisation of Food Manufacturing to Reduce Waste – Case Study of a Ready Meal Factory», *Waste Management* 87 (2019); y Andrew Balmford *et al.*, «The environmental costs and benefits of high-yield farming», *Nature Sustainability*, 2018.

[9] Troy Vettese, «To Freeze the Thames: Natural Geo-Engineering and Biodiversity», *New Left Review* 111 (2018).

El problema con el sistema de la «comida barata» es que es únicamente «barata» para el capital: en realidad no es ni remotamente barata para la mayoría de las poblaciones humanas, animales y vegetales del mundo. Es, de hecho, muy cara y estamos empezando a pagar la cuenta.

CAPÍTULO VII

Una nota sobre el sadismo climático

22 de agosto de 2019

Pensad en esos periodistas de derechas y de mediana edad twitteando a Greta Thunberg para informarla de que acaban de reservar un vuelo de larga distancia sin culpa ninguna o que les encantaría que ella tuviera un accidente mortal. O pensad en esos hombres de derechas comprando SUVS para «jorobar a los progres». O en los opositores o excépticos de almas muertas gozando la última ola de calor como una ocasión perfecta para pasar el día en la playa. O en Trump respondiendo a las perturbaciones del vórtice polar, provocadas por el calentamiento global, deseándonos un poquito de calentamiento global «del de toda la vida».

Ahora pensad, más seriamente, en Bolsonaro llamando «animales» a las poblaciones indígenas, amenazándolos con aplastarlos para favorecer los intereses del desarrollo capitalista, para acelerar la deforestación[1]. Cargándose con alegría y jolgorio uno de los últimos sistemas de supervivencia de la tierra y desatando a la vez una violencia racista sin parangón desde los días de la dictadura militar brasileña[2]. Y, después, cuando los rancheros se aprovechan del clima político para prender fuego a las reservas[3] y provocan los peores incendios de la historia de la selva tropical, acusan de ello a las ONG[4]. Los troleos de la extrema derecha siempre son metatroleos.

---

[1] Becca Warner, «The End of the Amazon», *Ecologist*, 15 de octubre de 2018 [https://theecologist.org/2018/oct/15/end-amazon].

[2] Sam Cowie, «Jair Bolsonaro Praised the Genocide of Indigenous People. Now He's Emboldening Attackers of Brazil's Amazonian Communities», *The Intercept*, 16 de febrero de 2019.

[3] Sunrise Movement, Twitter, 21 de agosto de 2019.

[4] Jonathan Watts, «Jair Bolsonaro Claims NGOs Behind Amazon Forest Fire Surge – But Provides No Evidence», *The Guardian*, 21 de agosto de 2019.

Hay algo profundamente raro en este sadismo climático. A menudo empieza con una afirmación de un egoísmo despiadado, competitivo, indiferente. Pero está muy lejos de ser realmente indiferente. Es, por el contrario, tan paranoico (el cambio climático es una estafa, los chinos nos están atracando) como profundamente implicado en la reacción que provoca (jaja, qué ricas las lágrimas de progre). Esta es una buena razón para prestar mucha atención cada vez que alguien habla de «interés propio». Como apuntaba Freud, no hay un ego sin otros, no hay un egoísmo que no sea un interés por los demás, no hay una psicología individual que no sea también una psicología de masas, y no hay un «yo» que no esté poblado por todos los demás de la vida de cada persona. Cada uno de nosotros contiene muchedumbres, objetos de amor y objetos de odio, y todo «egoísmo» está envuelto en apasionadas identificaciones, con toda la ambivalencia y la agresividad que surge en ese terreno. Y, cuando llegamos al sadismo, como defendía Lacan, siempre es algo que se interpreta para la gratificación del otro. Los trols no tienen por qué disfrutar de lo que hacen, porque son los instrumentos de un placer mayor para su colectivo.

En el caso del sadismo climático, a diferencia de lo que escuchamos habitualmente, esas afirmaciones de un egoísmo brutal son un señuelo. Lo que está en juego es un apego libidinal apasionado hacia el grupo, a sus odios y sus amores colectivos. Y la catexia del grupo se organiza en torno a un ideal: pongamos que la idea de una acumulación sin límites, la petromodernidad para siempre. Y, puesto que la negación nunca destruye la verdad, sino que se limita a reprimirla, aquí a menudo subyace una fantasía oscura, supremacista: incluso si todo se va al carajo, la dominación racial y nacional garantizará el futuro de quienes sean lo bastante rápidos y crueles como para sacar provecho de que el sol cada vez queme más.

Y, sin embargo... Hay otra verdad indestructible en esta situación. No importa lo brutalmente que se organicen los recursos del planeta para proteger las fronteras raciales y nacionales, la destrucción de los sistemas de la tierra no respetará esas fronteras. Nos enfrentamos a la perspectiva de la destrucción de la cadena alimentaria y al agotamiento de la tierra fértil, a la escasez del oxígeno a medida que se asesina la vida marina, a la inundación de las grandes ciudades a medida que sube el nivel de los mares, a las temperaturas invivibles y al clima extremo que está convirtiendo amplias partes del mundo en inhabitables. Unos pocos se librarán de las penalidades y el peligro, pero no vivirán en un mundo agradable. La lógica del trol es: «Es gracioso que os preocupéis de si vamos a vivir o morir, así que yo disfruto de vuestras caras mientras destrozo el futuro de todos, incluyendo a todos a los que he amado alguna vez, e incluso de mi estúpido yo, y me rio de ello». Los sádicos del clima son masoquistas en negación.

CAPÍTULO VIII

Ahora el sol abraza la naturaleza

9 de enero de 2020

Habitamos un planeta que, para lo bueno y para lo malo, arde regularmente. La atmósfera rica en oxígeno. Los suelos cargados de combustibles orgánicos. El aire restallante de relámpagos. Los organismos inflamables, basados en el carbono. Todo conspira para crear conflagraciones.

Los incendios espontáneos erupcionan en los bosques de Portugal, en la taiga, en la *bush* australiana, en las tierras boscosas de California y en el Amazonas. Algunos de ellos llevan ardiendo desde la Edad de Hielo. Lo harían incluso sin la intervención humana. De sur a norte, de este a oeste, nos dice el científico de la tierra Stephen Pyne, cada ecosistema tiene su propio régimen de fuego[1]. Han evolucionado para quemarse. Sistemas de vida enteros dependen del fuego.

Nosotros también hemos evolucionado para quemar. Los seres humanos nos convertimos en el depredador principal del planeta en parte a través de nuestro control del fuego que da la vida. Hay una manera de hablar de esto que integra la historia del capital fósil dentro de una propensión general humana a quemar. Se convierte, en el peor de los casos, en un relato de la odiosa locura o de la rapacidad de los seres humanos. Pero la base energética de la civilización humana sí importa y el fuego, históricamente, ha estado en el centro de esta. El fuego pastoril es un

---

[1] Véase Stephen J. Pyne, *Fire in America: A Cultural History of Wildland and Rural Fire*, Seattle, WA, University of Washington Press, 1982; *Burning Bush: A Fire History of Australia*, ibid., 1991; *Vestal Fire: An Environmental History, Told Through Fire, of Europe and Europe's Encounter with the World*, ibid., 1997; *World Fire: The Culture of Fire on Earth*, ibid., 1995; y *The Pyrocene: How We Created an Age of Fire, and What Happens Next*, Berkeley, MA, University of California Press, 2021.

buen método pecuario, la antorcha es un complemento de la agricultura. Controlar el fuego otorgó a los homínidos el acceso a cantidades de energía inaccesibles para el resto de las especies. Les dio acceso a todo lo que podía ser cultivado y consumido sobre la tierra. Hizo comestible lo que de otra manera nos habría matado. Podemos pasar sin quemar los restos fósiles de los antiguos árboles y musgos, pero no podemos vivir sin el fuego. Demasiado poco es tan malo como demasiado. Sin el fuego, especialmente en las tierras pobres en nutrientes, donde quemar los viejos brotes reinicia el reloj biológico, algunas biotas morirían. Cuando se elimina el fuego en algunas partes del mundo, el daño resultante al ecosistema local convierte el incendio incontrolado en un suceso mucho más probable.

Esta es la famosa defensa del geógrafo Mike Davis de «que se queme Malibú»[2]. Las praderas californianas arden, de media, cada dos años, sin demasiada pérdida en lo que se refiere a la vida vegetal. Las extensiones de matorrales, una vez cada cinco años. Las comunidades del chaparral y los bosques que rodean Malibú suelen arder una vez cada década. Esta es probablemente una tasa de conflagración más frecuente de lo que sería si no fuera por el cambio climático y otras manifestaciones de la intervención humana. Sin embargo, es absurdo, inútil y arriesgado construir ricas comunidades en estas áreas costeras inflamables cuando su destino es ser consumidas por el fuego. Los intentos de reprimir el fuego cambian la composición bioquímica y la resistencia húmeda del suelo y vuelven más intensos los incendios.

De la misma manera, el destino de Australia es quemarse. Actualmente, un 5% de la superficie de la tierra australiana se quema por incendios espontáneos cada año. Esto destruye un 10% de la «productividad primaria neta» del continente, es decir, de la capacidad de sus bosques tropicales, forestas y sabanas de fotosintetizar la energía solar. Una vez más, estos incendios son más graves de lo que serían sin el cambio climático. Pero, si no

───────────────

[2] Mike Davis, *Ecology of Fear*, Nueva York, Metropolitan Books, 1998 [ed. cast.: *Control urbano. Más allá de Blade Runner*, Barcelona, Virus, 2020].

se produjeran en absoluto, habría partes del continente que morirían. Desde que Australia se desgajó de la antigua Gondwana, ha evolucionado en ecosistemas cargados de árboles y plantas pirofíticos y pirofílicos a lo largo de amplios paisajes secos y bajos en nutrientes.

Durante milenios, los agricultores aborígenes han usado el fuego para cultivar grandes extensiones de tierra. Antes de la colonización era este el medio por el que los bosques profusos y exuberantes se «limpiaban» y se contenían así los incendios incontrolados. Los nativos americanos utilizaban formas similares de quema pastoril, que creaban un mosaico, que transformaban constantemente ese paisaje que los colonos creyeron equivocadamente que era prístino y no perturbado por la actividad humana. Por supuesto, la justificación de John Locke para la conquista, la esclavización y la eliminación se basaba en parte en la afirmación de que los nativos americanos no habían mezclado su trabajo con la tierra. Los viajeros coloniales franceses encontraron las mismas prácticas en Nigeria, Benín y Senegal, y originariamente emplearon el término «régimen de fuego» para describir esta gestión indígena del fuego como un desastre regresivo, innatural, impuesto sobre la naturaleza por los idiotas nativos.

Los colonos no eran siempre tan obtusos. Procedentes de las sociedades europeas, estaban condicionados para pensar que las ecologías del fuego que se obtenían en el núcleo temperado de Europa –no en los bosques boreales ni en los del sur de Europa– eran las normales y correctas. Y, sin embargo, botánicos, forestales e incluso algunos colonos en los asentamientos entendieron la gestión indígena del fuego. Emplearon el término «régimen de fuego» para referirse a los ciclos naturales que una prudente intervención humana podía recortar y adaptar. Pero, mientras que esa comprensión se generalizaba con el tiempo, no evitó la extirpación extensiva de estas técnicas de gestión del fuego a favor de la directa supresión del incendio espontáneo. El efecto irónico de la supresión colonial del fuego fue generar un aumento de los incendios graves. Esto, como tantas otras cosas, merece ser denominado «imperialismo ecológico», en la expresión de Alfred Crosby[3]. La expansión biológica de Europa implicaba exportar su régimen de fuego.

Esta domesticación del fuego fue concomitante con el auge del capital fósil y de la deforestación por tala y quema, y una continuación lógica de ambas. Un capitalismo global en expansión buscaba eliminar los incendios espontáneos a la vez que prendía fuego al carbón fósil y arrasaba los bosques, como parte del mismo impulso de dominar el proceso de la vida y subordinarlo a la producción del plusvalor. Como resultado de los efectos combinados de estas tres cosas, la ecología del fuego se ha vuelto letal en todas partes. Los regímenes de fuego, ya exacerbados por las actividades humanas, se han radicalizado debido al calentamiento global. La correlación entre el aumento medio de las temperaturas globales y la gravedad cada vez mayor de los incendios incontrolados es obvia, como obvia es la explicación[4]. Docenas de investigaciones han predicho que las temperaturas más altas producirán que la estación de los incendios empiece antes, que termine más tarde, que se vuelva más intensa y que aniquile importantes ecosistemas[5]. Eso es lo que está ocurriendo. Y genera un *feedback* y un círculo vicioso. La ocurrencia y gravedad en aumento de los incendios acelera el calentamiento global, tanto porque expulsa más carbono negro a la atmósfera como porque acelera el deshielo del ártico y reduce el efecto albedo del hielo. Un clima más cálido supone aún más incendios mortíferos[6].

En 2018, California ha conocido los incendios más mortales y graves de su historia, que mataron a más de 100 personas y

---

[3] Alfred W. Crosby, *Ecological Imperialism: The Biological Expansion of Europe, 900-1900*, Cambridge, CUP, 1986 [ed. cast.: *Imperialismo ecológico. La expansión biológica de Europa, 900-1900*, Montserrat Iniesta (trad.), Barcelona, Crítica, 1988].

[4] «Australia Fires: A Visual Guide to the Bushfire Crisis», *BBC News*, 31 de enero de 2020.

[5] Véase, por ejemplo, W. Matt Jolly *et al.*, «Climate-Induced Variations in Global Wildfire Danger from 1979 to 2013», *Nature Communications* 6 (2015).

[6] Kaitlin M. Keegan *et al.*, «Climate Change and Forest Fires Synergistically Drive Widespread Melt Events of the Greenland Ice Sheet», PNAS 111/22 (2014).

consumieron 766.000 hectáreas. En Australia, se han quemado 6,3 millones de hectáreas de tierra desde septiembre, en los peores incendios incontrolados que el país haya experimentado. Los bosques boreales del norte de Rusia cada vez arden más a menudo y durante más tiempo. El año pasado, los incendios en Siberia fueron horribles, destrozaron tres millones de hectáreas, un hecho «sin precedentes», según Mark Parrington, del Copernicus Atmosphere Monitoring Service[7]. De hecho, las temporadas de incendios anteriores desencadenadas por las anomalías climáticas en Rusia habían sido aún peores: en 1998, 2002 y 2003 se quemaron, respectivamente, 6, 9, 7,5 y 14,5 millones de hectáreas del bosque y de las zonas circundantes. Solamente en los incendios de 1998 se emitieron 516 millones de toneladas métricas de dióxido de carbono y 500 millones de toneladas métricas de monóxido de carbono[8]. En la Amazonia es imposible aislar los efectos del cambio climático teniendo en cuenta la cantidad de quemas deliberadas para poder deforestar. ¿Qué porcentaje de la sucesión de incendios de agosto del año pasado fueron consecuencia del calentamiento global y qué porcentaje se debió a la elección de Bolsonaro y a su promesa de liberar capital e instigar la guerra contra las comunidades indígenas?

En nuestro caso, podríamos, cínicamente, apagar las noticias y olvidarnos de esto, siempre que el fuego se quede donde quiera que esté. Pero el fuego nunca hace eso. El hecho de que tengamos atmósfera implica que cada incendio es un acontecimiento global. El viento y el vapor transportan gases, aerosoles y partículas de carbón negro, las concentran y las distribuyen. Los incendios incontrolados de California y Australia y la deforestación mediante tala y quema de Amazonia e Indonesia no son acontecimientos lejanos. Le están sucediendo, de manera diferente y en momentos distintos, a cada persona. Los incendios en Nueva Gales del Sur y las inundaciones en South Yorkshire, por

---

[7] «Arctic Wildfires: How Bad Are They and What Caused Them?», BBC News, 2 de agosto de 2019.

[8] Danilo Mollicone, Hugh D. Eva y Frédéric Achard, «Human Role in Russian Wildfires», *Nature* 440 (2006), pp. 436-437.

ejemplo, son parte de la misma historia. No es una historia sobre «ellos», me refiero, sino sobre «nosotros». Inevitablemente nos afectará. El actual régimen de fuego está casi diseñado para entrar furiosamente en barrena. Pyne defiende que, por eso mismo, estamos entrando en un «piroceno»: «una edad de fuego planetaria», «como la edad de hielo, pero en fuego»[9]. Y, mientras que el fuego es inevitable, los seres humanos no lo son. Las condiciones planetarias que permitieron a los homínidos surgir y evolucionar hasta nuestra situación actual son contingentes, son un suceso fortuito de la historia profunda. No tenemos un derecho inherente a sobrevivir y mucho menos a dominar. Y no hay un espíritu o deidad histórica mundial que vaya a presentarse y redimir a la especie si es que insistimos en obligarnos a abandonar nuestro hogar planetario mediante el fuego.

---

[9] Stephen Pyne, «California Wildfires Signal the Arrival of a Planetary Fire Age», *The Conversation*, 1 de noviembre de 2019.

CAPÍTULO IX

El lado oscuro de la democracia del carbón

21 de enero de 2020

Hoy mismo, Greta Thunberg ha hablado en Davos para explicar, una vez más, que «nuestra casa se quema». Para quejarse, una vez más, de que cada vez que se le explica esto a nuestros líderes, no hacen nada. Para exigir, una vez más, que actúen para detener la crisis[1]. ¿Por qué no ocurre nada? ¿Cuál es el obstáculo? No es una falta de conocimiento. No es una falta de consenso. No es una falta de apoyo popular hacia la idea de combatir el cambio climático. La mayoría de las emisiones de carbono que han tenido lugar en la historia de la humanidad, según Wallace-Wells, se han producido mientras el consenso climático era sólido, reconocido por la mayoría de los gobiernos y era objeto de acuerdos formales internacionales.

En los últimos años se ha puesto de moda echar la culpa del atasco a la democracia. Siempre ha sido una tendencia importante del pensamiento ecologista, desde «The Tragedy of the Commons», de Garrett Hardin, hasta «Leviathan or Oblivion», de William Ophuls. Más recientemente, los ecologistas David Shearman y Joseph Wayne Smith defendían abiertamente en *The Climate Change Challenge and the Failure of Democracy* que las amenazas ecológicas se podían ligar directamente a las «tendencias comunes en el funcionamiento de la democracia». La «naturaleza humana» no está bien diseñada para enfrentarse a las amenazas inminentes, desechándolas tan rápidamente como la mente humana desecha el pensamiento de la muerte. El «autoritarismo», defienden, «es el estado natural de la humanidad». La me-

---

[1] Greta Thunberg, «Our House Is Still on Fire and You're Fuelling the Flames», conferencia en el World Economic Forum, 21 de enero de 2020.

jor solución sería una «forma platónica de autoritarismo basada en el gobierno de los científicos»[2].

Sin embargo, mucho más allá de las filas del autoritarismo ecologista, extendiéndose ahora a las liberales, hay un coro cada vez mayor que expresa su preocupación por que la democracia se interponga en el camino de la solución al problema. El famoso artículo de Nathaniel Rich en *The New York Times* titulado «Losing Earth»[3], por ejemplo, se basa en la lastimosa acusación a toda la especie que hacen los ecoautoritarios para concluir que «nosotros», el *demos*, tenemos la culpa. El artículo es, sin embargo, demasiado complaciente, demasiado solemne e imperturbable y no muestra el pánico suficiente como para que se le honre legítimamente con el título inventado por Sarah Jaffe, «*gloomdude*» (no os metáis con ello si no lo habéis probado). Hay una crítica más procedimental de la democracia, anunciada por David Runciman en *Foreign Policy* en julio de 2019 y por Edward Luce en *The Financial Times* en enero de 2020. Defienden que la clase política tiene que tomar medidas que tardarán generaciones en dar fruto y que incluso entonces pasarán sin reconocimiento. Los ciclos electorales prohíben este tipo de visión a largo plazo y la polarización partidista socava la construcción del necesario consenso. Pero mientras que Runciman sí apunta a que esta situación requiere una democracia más radical y participativa, Luce solamente puede recurrir a la clásica estrategia liberal de apelar al egoísmo económico: mirad qué caros nos salen los incendios.

En un tono mucho más sombrío, Simon Kuper, en *The Financial Times*, en un ensayo de octubre de 2019, busca demostrar que, en realidad, no hay ninguna solución democrática adecuada para el cambio climático[4]. Defiende que el crecimiento verde, incluso en la variedad Green New Deal, se predica sobre una

---

[2] *The Climate Change Challenge and the Failure of Democracy*, Westport, CT, Praeger, 2007.

[3] Nathaniel Rich, «Losing Earth: The Decade We Almost Stopped Climate Change», *The New York Times*, 1 de agosto de 2018.

[4] «The Myth of Green Growth», 24 de octubre de 2019.

lógica *win-win* inútil. En el mundo real, crecer equivale a emisiones. La cantidad de carbón que se necesita para producir PIB por valor de un dólar tendría que disminuir a una velocidad diez veces mayor de lo que lo hace si es que queremos alimentar a una población en aumento y evitar el desastre. La única solución es una prolongada depresión económica. Y, puesto que ningún electorado votará para diezmar su propio estilo de vida, «nunca averiguaremos» si la democracia podría sobrevivir en un mundo postcarbón.

Lo peor que se puede hacer, cuando nos enfrentamos a estas alarmas, es desdeñarlas tal cual. Si hay una saturación de catastrofismo es porque el mercado de la catástrofe lo está petando. Hay, por supuesto, excelentes razones para el catastrofismo. La idea de una dictadura climática benigna es una fantasía que no va a despegar nunca, porque no tiene una base social para ello. Los regímenes autoritarios no suelen interesarse demasiado en salvar el planeta, y el grado de cambio social que implica esto requeriría el tipo de apoyo público que solo puede garantizar la democracia.

Los análisis que culpan al estancamiento de la lucha climática a la democracia no dejan de tener pruebas, por supuesto. Mirad a Trump en Estados Unidos, a Scott Morrison en Australia, a Bolsonaro en Brasil. Mirad a los chalecos amarillos y las protestas ecuatorianas contra los recortes en las subvenciones al combustible. Pero Trump perdió el voto popular en 2016, el voto «climático» se dividió en Australia y, en Brasil, todo el *establishment* político acababa de caer justo antes de que Bolsonaro fuera elegido. Cuando sus rivales gobernaban, además, hablaba muy poco sobre la crisis climática. Las protestas del estilo de los chalecos amarillos suelen ocurrir cuando hay una clara injusticia social, desvinculadas de cualquier intento serio de descarbonizar. No es que el presidente de Ecuador, Lenin Moreno, estuviera rompiendo con el extractivismo. Tampoco parece el momento más adecuado para afirmar que millones de personas nunca votarían para reducir su propio nivel de vida. El etnonacionalismo no parece tener demasiados problemas para convencer a millones de personas de que dejen de lado el eterno mantra del «empleo».

Además, como Alyssa Battistoni y Jedediah Britton-Purdy apuntan en su artículo «After Carbon Democracy», ninguno de estos textos parece tener nada que decir sobre el capitalismo. Es una enorme omisión, como si se quisiera explicar la limpieza étnica sin mencionar el Estado-nación. ¿Cómo se puede seriamente prescribir una depresión económica como la respuesta, culpar al electorado de oponerse a ello y no decir nada sobre si cualquier clase capitalista del mundo toleraría una política deliberadamente decrecentista? Culpar a la democracia y a la «naturaleza humana», dice, se limita a racionalizar un rechazo a enfrentarse al problema y actuar⁵.

Y, sin embargo... Y, aun así... Hay un «ahí» ahí. La democracia no tiene «la culpa». Y es difícil ver cómo se puede encontrar una solución duradera y viable sin alguna forma de democracia participativa. Eso no quiere decir que la democracia tal y como la hemos conocido no esté implicada en esto. Ni hace tampoco a la democracia la eterna aliada contra el apocalipsis. Ni nos ayuda a responder la cuestión de qué tipo de democracia podría sobrevivir y permitirnos sobrevivir.

La moderna democracia capitalista, nos dice Timothy Mitchell en *Carbon Democracy*, se basa en el combustible fósil⁶. La democracia que conocemos surgió gracias a un potente movimiento obrero, construido en torno a la extracción del carbón. El paso al petróleo moduló la gestión de la democracia. Al erosionar el poder de la clase obrera, dejó en su lugar una forma de política democrática en la que el consentimiento se garantiza con la promesa de la abundancia: «un horizonte de crecimiento ilimitado». No obstante, la clase obrera organizada ha sido diezmada durante décadas y el crecimiento ilimitado se ha terminado. La era en la que el capitalismo podía coexistir con la democracia de masas puede que haya llegado a su fin y no tenemos pruebas de que las fuerzas democráticas se basten para desafiar al capitalismo. No tenemos derecho a suponer, dada la crisis de la democracia, que esta continuará sin que se la revolucione.

---

⁵ *Dissent*, invierno de 2020.
⁶ *Carbon Democracy: Political Power in the Age of Oil*, Londres, Verso, 2011.

La crisis de la democracia obviamente no deja de estar relacionada con el auge del nacionalismo agorero, que se vincula estrechamente a la política negacionista. Como defiende Michael Mann en *The Dark Side of Democracy*, la democracia es susceptible de sufrir brutales torsiones allí donde el *demos* entra en conflicto con el etnos[7]. Especialmente en situaciones de crisis, los rasgos fundamentales de la democracia se prestan a la furia etnonacionalista, en la que el antagonismo de clases se transfiere a una lucha étnica de suma cero. La maldición moderna de la limpieza étnica y del genocidio es propia de regímenes democráticos inestables. Pensemos ahora en las privaciones, hambrunas y desastres que producirá la crisis climática y en los efectos que esto tendrá en nuestros ya muy agitados sistemas democráticos.

Nos gustaría pensar que la realidad visible de una amenaza inminente destrozaría el negacionismo. En este punto de la historia, ya nos conocemos. Si ya parece que gestionar la crisis climática amenaza la forma de vida de millones, entonces es muy probable que exalte el negacionismo y el recurso autoritario. Tal y como se plantea en el número de octubre de 2019 de *Salvage*, el negacionismo no es la única opción reaccionaria en estas circunstancias. Desde el nacionalismo verde al ecofascismo, hay maneras en las que se puede enfrentar contra sí mismas tanto a la democracia como a la ecología, se puede hacerlas involucionar y convertirlas en aliadas de la guerra de las especies contra sí mismas.

Lo que nos jugamos no es únicamente la cuestión de si vamos a votar a quienes nos representan. No es ni siquiera si podemos convocar una democracia más «densa» y participativa con tiempo suficiente para abordar la crisis. Es la cuestión misma de la civilización. Este es el problema político y cultural, la amenaza de la destrucción; lo que en otra era Keynes trataba de abordar mediante la economía. Esta era la cuestión que trataba el denominado *Folleto Junius* de Rosa Luxemburg durante la estruendosa masacre de la Primera Guerra Mundial: socialismo o

---

[7] *The Dark Side of Democracy: Explaining Ethnic Cleansing*, Cambridge, CUP, 2005.

83

barbarie[8]. ¿Qué aspecto tendría una civilización viable, postcarbón? ¿Qué tipo de democracia sería equivalente a la hondura del desafío al que nos enfrentamos y cómo llegamos a ella? No deberíamos actuar como si ya conociéramos las respuestas a estas preguntas.

---

[8] Rosa Luxemburg, *The Crisis of Social Democracy, with an Appendix: Guidelines for the Tasks of International Social Democracy*, Zúrich, Union, 1916 [ed. cast.: *La crisis de la socialdemocracia*, Madrid, Akal, 2017].

CAPÍTULO X

¿Qué es una ideología sin un espacio?
9 de julio de 2020

¿Por cuánto tiempo puede seguir el fascismo negando? Últimamente hemos conocido una serie de relatos sobre el auge del ecofascismo. De hecho, la adhesión de la extrema derecha a la industria del negacionismo climático no era en absoluto inevitable y no tiene por qué continuar siendo así[1].

Durante las últimas décadas, la línea ha sido: no es real, es una conspiración globalista, quieren aplastar la soberanía nacional y regalar nuestra riqueza a los gorrones del Tercer Mundo. Incluso si es real, bienvenido sea. Más luz solar, temperaturas más cálidas, ¿qué es lo que no os gusta? Y, *sotto voce*, si esto mata a los débiles, tanto mejor. Pero esto simplemente no es sostenible.

Hay cada vez más señales de que la extrema derecha se está esforzando en articular alguna versión del ecologismo. El obstáculo para ello no ha sido la ausencia de una tradición ecofascista, un asunto del que hablaremos después. Más bien es que, puesto que la extrema derecha crece sobre el resentimiento y el odio colectivo, necesita encontrar la adecuada distinción amigo/enemigo. Esto está empezando a ocurrir. Mirad a los ecofascistas alemanes diciendo: «Expulsemos a los globalistas de nuestras tierras»[2]. Mirad a Tucker Carlson, el presentador de las noticias de Fox, diciendo: «¿Acaso no es superpoblar tu país la manera más rápida de expoliarlo, de contaminarlo?»[3].

---

[1] Philip Oltermann, «German Far Right Infiltrates Green Groups with Call to Protect the Land», *The Guardian*, 28 de junio de 2020; Sarah Manavis, «Coronavirus Crisis Gives Eco-Fascism a Boost», *Financial Review*, 12 de junio de 2020; y Beth Gardiner, «White Supremacy Goes Green», *The New York Times*, 28 de febrero de 2020.

[2] Oltermann, «German Far Right Infiltrates Green Groups», cit.

[3] Beth Gardner, «White Supremacy Goes Green», cit.

Mirad la página web altright.com retratando la naturaleza asaltada por el «Unnatur» judío: «una concepción moderna, capitalista, clásicamente liberal, materialista y judía [...] que barre nuestra naturaleza en toda la tierra para obtener unos márgenes de beneficio mayores»[4]. Mirad a la neofascista francesa Marine Le Pen afirmando que los inmigrantes «nómadas» no se preocupan por el medio ambiente «porque no tienen patria»[5]. Según esta fantasía, la naturaleza es una propiedad blanca. Es belleza, espacios abiertos, el mundo salvaje blanco de la imaginación colonial, o los bosques *völkisch* del nacionalismo romántico europeo. Es el Heimat, la patria. Y está amenazada, en este relato, por una coalición de gorrones irresponsables y desarraigados y por una conspiración de igualmente desarraigados globalistas que manejan los hilos.

El hecho de que el fascismo se asocie más estrechamente hoy con el negacionismo que con el ecologismo es el resultado de algunas contingencias. Después de las masacres de Christchurch y El Paso, sin embargo, hemos conocido más la historia del nacionalismo *völkisch*, del pensamiento antiilustrado, del racismo misantrópico, del fascismo y del colonialismo de asentamiento dentro del ecologismo[6]. Y, para el público británico, esta no es simplemente una historia de otros lugares: digamos, sobre Ernst Haeckel, Savitri Devi, Alain de Benoist, Renaud Camus, Garrett Hardin, Hervé Juvin, Björn Höcke y Dave Foreman. Incluye también a Jorian Jenks, fascista, a Oswald Mosley, aliado, pione-

---

4 Citado en Blair Taylor, «Ecofascism and Far-Right Environmentalism in the United States», en Bernhard Forchtner, (ed.), *The Far Right and the Environment: Politics, Discourse and Communication*, Londres, Routledge, 2020.

5 «Le Pen's National Rally Goes Green in Bid for European Election Votes», *France24*, 20 de abril de 2019.

6 Véase Julian Göpffarth, «Why Did Heidegger Emerge as the Central Philosopher of the Far Right?», openDemocracy, 23 de junio de 2020; Matthew Connelly, *Fatal Misconception: The Struggle to Control World Population*, Cambridge, MA, Harvard University Press, 2008; Janet Biehl y Peter Staudenmaier, *Ecofascism Revisited*, Porsgrunn, Noruega, New Compass, 2011; y Jedediah Purdy, «Environmentalism's Racist History», *New Yorker*, News, 13 de agosto de 2015.

86

ro del ecologismo y del movimiento orgánico y cofundador de la Lady Balfour Soil Association. Es una tradición que la extrema derecha británica, desde John Bean a John Tyndall, ha cultivado con frecuencia[7]. Y alguna versión de esta estructura de sentimiento ecofascista tan bien desarrollada posiblemente tiña el nacionalismo verde de escritores ingleses como Paul Kingsnorth, cuyo desdén por el «globalismo», el «distanciamiento global de la humanidad del resto de la naturaleza» y la búsqueda del «ecologismo de carácter inglés» es congruente con su incomodidad ante la inmigración. «Los ingleses se han convertido en una minoría étnica», en ciudades como Londres, se queja Kingsnorth, lo que deja «a cantidades cada vez mayores» de personas inglesas «empezando a sentirse desvinculadas y que no se les habla»[8]. Quizá tenga algo que ver también con algunos preocupantes «puntos ciegos» sobre el racismo que han surgido últimamente en el movimiento ecologista británico[9].

Que esta sensibilidad no sea hoy dominante se debe, hasta donde yo puedo saber, a dos razones. Primero, a partir de la década de 1970, el énfasis ecologista, obligado por la ciencia emergente, se desplazó desde los temas de la conservación de la tierra y la naturaleza hasta el calentamiento global. El conservacionismo suele centrarse en general en proteger lo local. Usando una expresión del idioma ecofascista, lo que se conserva es el hábitat del etnos. La tierra, desde ese punto de vista, es allí donde la naturaleza y la cultura se encuentran en una forma de vida que debe protegerse de las especies y las personas «invasoras». El calentamiento global y los problemas asociados, como la acidificación de los océanos, la extinción de las especies y ahora las pandemias,

[7] Daniel Jones, «Greenshirts – The (Mis)use of Environmentalism by the Extreme Right», History Workshop, 21 de abril de 2020 [https://www.historyworkshop.org.uk/greenshirts-the-misuse-of-environmentalism-by-the-extreme-right/].
[8] Véase Paul Kingsnorth, «The Lie of the Land: Does Environmentalism Have a Future in the Age of Trump?», *The Guardian*, 18 de marzo de 2017, y «England's Uncertain Future», *The Guardian*, 13 de marzo de 2015.
[9] Damien Gayle, «Does Extinction Rebellion Have a Race Problem?», *The Guardian*, 4 de octubre de 2019.

solo pueden concebirse en términos de una conciencia planetaria. No solamente eso, sino que la única manera que pueden resolverse es mediante una cooperación que supere las fronteras. Próximamente se publicará un libro de Andreas Malm y el colectivo Zetkin[10] que mostrará que a la extrema derecha le molesta especialmente la idea de un sistema de energía que no esté ligado a la tierra y al territorio. ¡Viento! ¡Sol! ¿Cómo se puede reclamar la propiedad nacional de esos bienes? En segundo lugar, la izquierda ganó el control del movimiento ecologista en una serie de luchas decisivas que tuvieron lugar en las décadas de 1980 y 1990. Así pues, los nacionalistas, antimigrantes y malthusianos quedaron marginalizados. El fundador de Earth First!, Dave Foreman, era uno de los ecomalthusianos. En la década de 1980 había defendido que la inmigración a Estados Unidos debía terminar, que había que denegar subsidios estatales a cualquiera que tuviera más de dos hijos y que el Estado debería limitar que cada mujer solamente tuviera un hijo. Cuando Etiopía fue golpeada por la hambruna, Foreman defendió que la ayuda humanitaria estaba equivocada y que «lo mejor sería dejar que la naturaleza encontrara su propio equilibrio, dejar que la gente se muriera de hambre allí». Foreman abandonó Earth First! a principios de la década de 1990, luego de que la mayoría de sus miembros rechazaran sus opiniones: habían sucumbido a «la presión y la infiltración de la izquierda de la lucha de clases y de la justicia social», abandonando «el biocentrismo a favor del humanismo»[11]. Se preocupaba demasiado del racismo ecologista, del envenenamiento de los trabajadores y de la contaminación de las comunidades indígenas.

Los fascistas podían seguir siendo cómodamente negacionistas, era algo viable. No tenían ningún problema en negar a la

---

[10] *White Skin, Black Fuel: On the Danger of Fossil Fascism*, Londres, Verso, 2021.

[11] Citado en Ian Angus y Simon Butler, *Too Many People? Population, Immigration, and the Environmental Crisis*, Chicago, Haymarket, 2011; véase también su recapitulación del ecomalthusianismo de Paul Ehrlich en Dave Foreman y Laura Carroll, *Man Swarm: How Overpopulation Is Killing the Wild World*, [no place], LiveTrue, 2014.

ciencia y en retratar el consenso como una conspiración monstruosa. Sin embargo, esto solamente podía funcionar mientras los efectos del cambio climático fueran remotos, abstractos o se manifestaran en el futuro. Si el cambio climático era algo que iba a acontecer dentro de unas décadas, o que solamente iba a afectar a quienes designaban como infrahumanidad, los fascistas podían seguir negando alegremente. Sin embargo, cuanto más sensiblemente concretos y «locales» sean estos efectos, cuanto más se desaten impredeciblemente sobre las sociedades ricas, cuando Australia se queme, el Reino Unido se inunde y Estados Unidos sea azotado por borrascas, incendios y heladas, menos plausible se vuelve esta negación. La conversación va a avanzar, va a superar la negación y va a cortejar la afirmación. La era de las pandemias añadirá urgencia a un renovado pensamiento ecologista.

Una lucha por el futuro del medio ambiente, sobre cómo mitigamos y nos adaptamos, sobre quién paga el precio de las inevitables reducciones en nuestra ingesta global de comida, sobre cómo se almacena y se comparte la energía, sobre lo que cuenta como riqueza y quién la obtiene, es algo inevitable. Es difícil imaginar una resolución no violenta y democrática de esa lucha. Sería complaciente no esperar que la extrema derecha levante más el listón en esa lucha de lo que ya ha hecho.

CAPÍTULO XI

Obituario: Ultima Thule

17 de diciembre de 2020

«Se me despierta cada amanecer
para temer cada vez más
el aire que atiesa las velas,
el mar sin aves».

Philip Larkin, *The North Ship*, '65° N'

«Tan terriblemente callado, con el silencio que un día
reinará cuando la tierra vuelva a estar vacía y desolada».

Fridtjof Nansen, *Farthest North*

«Llegó a los límites del mundo, al Oceanus de las co-
rrientes profundas [...] amortajado en niebla y nubes».

Homero, *La Odisea*

En febrero de 2015 me encontré, un poco por azar, en el Ártico. La perturbación polar había llevado hasta mí el Ártico, en
Toronto. Había helado el Medio Oeste y la Costa Este de los
Estados Unidos. El lago Michigan y la costa de Maine humea-
ban como los mares negros del norte. El aire era misericordiosa-
mente calmo, pero la temperatura estaba muy por debajo de los
20 grados. El frío atravesaba las capas de ropa, la piel, la carne y
los huesos, hasta el tuétano. Parecía helar todo mi cuerpo como
helaba la corriente de los casquetes glaciares: cerebro, sangre y
biomecánica.

Los homínidos llegaron al Ártico a finales del Paleolítico Superior. Los primeros cazadores-recolectores llegaron al norte de
Europa y a Rusia como parte de la migración desde África en
una fecha tan temprana (o tardía) como hace 40.000 años, durante uno de los periodos interglaciares. Atravesaron el Círculo
Polar Ártico hace unos 30.000 años, y probablemente fueron de-

tenidos una y otra vez por el avance del hielo. Pero, a lo largo de las edades de Bronce y de Hierro, hubo población en la Escandinavia ártica y en Rusia.

El primer encuentro registrado con el Ártico se produjo mucho después, en el siglo IV a.c. Pero la experiencia de esos primeros exploradores debe haber sido parecida a la del geógrafo Piteas, cuando viajó hacia el norte, a un extraño lugar en el que el sol brillaba débilmente a medianoche. «Más allá de Thule», escribió en referencia a una isla que se creía que era el punto más al norte del mundo, «nos encontramos con el mar aletargado y congelado». En el Ártico, evocando las placas de hielo y el denso humo marino, «ni mar ni aire, sino una mezcla como pulmón de mar, [...] todo se asocia»[1]. Despreciado por sus pares, que preferían pensar en el Ártico como un lugar mítico, la tierra de los muertos, el cisma abismal, el caos en el origen del mundo, aquí estaba la primera punzada al corazón de lo sublime polar.

Pues, desde que ha habido seres humanos, el Ártico ha estado helado. En términos planetarios, esto es apenas un momento. En una fecha tan tardía como hace 75 millones de años, durante el periodo Cretáceo, las tierras del norte estaban pobladas por altas secuoyas, helechos y cipreses de pantano, por no mencionar lémures voladores y dinosaurios, mientras que los plesiosaurios y los tiburones nadaban por las aguas cálidas. Hace 50 millones de años, en el primer Paleógeno, cuando el océano circumpolar estuvo en buena medida encerrado por primera vez, los bosques de coníferas primitivas habrían estado abarrotados con los descendientes inmediatos de los dinosaurios: las aves.

En la cúspide del periodo Cuaternario, hace unos 2,7 millones de años, las temperaturas planetarias empezaron a descender bruscamente. Ahí se produjo la acumulación primitiva del hielo ártico. La caída de la temperatura media por sí sola no habría sido suficiente para coronar el Polo Norte con su perenne casquete de hielo. La helada se produjo más bien por un diferencial cada vez mayor entre las temperaturas del verano y del invierno

---

[1] En Alexis S. Troubetzkoy, *Arctic Obsession: The Lure of the Far North*, Nueva York, Thomas Dunne Books, 2011.

en el norte. En verano, las temperaturas más altas implicaban que se evaporaba más agua. En invierno, el agua evaporada se helaba y caía en forma de nieve, mientras que las temperaturas más bajas helaban el mar. En lugar de lémures voladores y aves, el lejano norte se pobló con rinocerontes lanudos y mastodontes. Las glaciaciones del periodo Cuaternario, causadas por la ligera excentricidad de la órbita de la tierra en torno al sol, añadían capas. Cristal sobre cristal, sobre una malla dendrítica de redes, de hielo cristalino *(frazil)*, se formaba rápidamente una escarcha grasienta en la que un hielo grumoso cuajaba en forma de granizado y comprimiéndose, litificándose, metamorfoseándose, presionando, curvándose, escurriendo salina y aire formaba bandas de luciente hielo azul y burbujas congeladas. La densidad: 917 kilogramos por metro cuadrado. La extraña presencia-ausencia de esto: no había una coherencia de color o textura, el mismo paisaje helado podía ser gris y neblinoso, o lucir un brillante azul marino, verde esmeralda y un naranja soleado. Podía ser gótico y espectral, como las ilustraciones de Gustave Doré de la *Rima del Viejo Marinero* de Samuel Taylor Coleridge, o espiritual y refulgente, como las místicas tierras del norte de Lawren Harris. Podía ser sucio y ligeramente fosfórico, como en la Antártida de Edward Wilson, tan *noir* como la Antártida de Emil Schulthess, tan atmosférico como el Ártico de Eric Ravilious, tan prístino como la Antártida de Eliot Porter, o podía ser un cuento tradicional de terror, como el Ártico de Andy Goldsworthy. La traicionera curva de la luz: las ondas de luz no se absorbían sino que más bien se retorcían en torno a las partículas de hielo y se refractaban para producir inversiones ópticas, siluetas fantasmas, múltiples soles (parhelia), arrecifes, ilusorias torres y metrópolis de hielo (Fata Morgana). Las acechantes alucinaciones auditivas: los exploradores juran por su vida que escucharon claros gritos humanos que procedían del silencio del hielo. El doctor Elisha Kent Kane, que había viajado en la primera expedición Grinnell americana en 1850, lo llamó un «malabar necromántico»[2]. Nun-

---

[2] *The U.S. Grinnell Expedition in Search of Sir John Franklin: A Personal Narrative*, Cambridge, Cambridge University Press, 2015, p. 127.

ca se cubrió de hielo por completo. Los vientos y las mareas del Ártico formaban columnas de negrísimo humo y polinias, aperturas en el hielo, por las que navegaban las ballenas, los narvales y las morsas árticas. Y la nieve que se aposentaba silenciosamente sobre el hielo formaba el firn sobre el que se comprimirían nuevos registros, nuevos depósitos de la geohistoria. «Una estratigrafía de la nieve», como lo formula Stephen Pyne[3]. Esto, el *statu quo* del Ártico durante el arco completo de la existencia humana, no parecía una condición muy prometedora para que brotara la vida. La energía solar, que alimentaba la producción primaria del océano y posibilitaba el crecimiento de las plantas, era débil y floja. El casco de hielo evitó el afloramiento oceánico que habría arrastrado los fosfatos, nitratos y silicatos, procedentes de las profundidades bentónicas, hacia la superficie pelágica iluminada por el sol, para alimentar el krill. Sobre la tierra coronada de nieve, el suelo ácido no tenía suficientes gusanos, hongos y escarabajos para descomponer la materia vegetal muerta y enriquecer la tierra con nutrientes. El permafrost, que cubre la mayoría de la masa de tierra del Ártico, permeaba las profundidades de casi 1.500 metros en Siberia y dejó pantanoso y ralo buena parte del paisaje de verano. El moderno ecosistema ártico, que empezó a surgir hace unos 12.000 años, a finales del Pleistoceno, albergó de todas formas maravillas evolutivas, incluso dentro de esta cadena alimentaria extremadamente reducida, que iban desde las diatomeas a los osos.

En los meses de primavera y verano, cuando el hielo se derretía y se desprendía, cuando el casco de hielo de Groenlandia engendraba miles de icebergs —«algunos tan altos como catedrales», como escribe Darwin en *The Voyage of the Beagle*– y la energía procedente del sol calentaba el océano Ártico, la productividad primaria florecía. La cara interna de los témpanos de hielo pelágico y de los canales de salmuera que se habían formado durante la helada albergaba un complejo ecosistema de animales unice-

---

[3] Muchos de los datos y referencias de este pasaje proceden de su espectacular libro *The Ice: A Journey to Antarctica*, Seattle, WA, University of Washington Press, 1986.

lulares, algunos con caparazón transparente, que crecían bajo los rayos solares y alimentaban a los copépodos y anfípodos, empezando esa cadena alimentaria que termina con los osos polares. El casquete de hielo perenne también conservaba un clima constante en las aguas densas y salinas de debajo, en las que florecían esponjas, corales, almejas, mejillones, caramujos, cangrejos, pepinos de mar, estrellas de mar, pulpos y peces. Todos los veranos, el *boom* ecológico arrastraba narvales, morsas, focas y belugas mientras que las aves marinas hacían un viaje en círculo de 25.000 millas desde la Antártida. La tundra surgió como una capa irregular de líquenes, musgos, sauces enanos, coclearias, dríadas, saxífragas, juncias, juncos, musgos de turbera, abedules enanos, acederas, bayas de cuervo y ranúnculos. Las liebres, los ratones de Noruega y las perdices de nieve del Ártico se comían la vegetación. Los búhos de nieve y los zorros del Ártico se comían a los ratones de Noruega y a los topillos. Los caribús se comían los líquenes y los huevos de las aves. Los bueyes almizcleros se comían las hierbas silvestres y los sauces. Y los lobos se comían a los caribús y a los bueyes almizcleros. En la taiga, los bosques de madera seca se quemaban en el calor del verano –una parte esencial de su supervivencia–, pero también florecían, fructificaban y producían comida suficiente para sustentar a zorros, glotones, linces, renos, liebres de las nieves, búhos, azores, carboneros y pájaros carpinteros.

Tal vez unas 3.000 especies mamíferas vivían en total en el norte del Círculo Ártico, aunque solo unas pocas docenas vivían en la parte del Ártico permanentemente helada. Estos mamíferos que evolucionaron en estas condiciones, específicamente para lidiar con el hielo, el permafrost, la nutrición escasa y las temperaturas bajo cero, tendían a ser muy carismáticos. Como la beluga, completamente blanca para camuflarse ante sus depredadores, sin aleta dorsal para nadar libremente bajo la capa de hielo y con una unidad craneal especial para la ecolocación y la orientación bajo el hielo. Como la foca anillada, que evolucionó durante la última glaciación, y posee una respiración submarina excepcional y unas fuertes garras en las aletas delanteras que le sirven para hacer agujeros y así respirar a través del hielo y para excavar cuevas en los montículos nevados donde resguardarse a la hora de dar a luz y protegerse de los osos polares. O como los osos polares, el glamuroso icono de los animales dependientes del hielo, que se distinguieron de los grizzlies hace 600.000 años, cuando el hielo cubría mucha más parte del planeta de lo que lo hace hoy. Una población de osos se separó y llegó al norte helado donde –en un espléndido aislamiento reproductivo y sin competencia por la carne de foca rica en energía– evolucionó bajo intensas presiones evolutivas.

En lugar de la cara de torta y la nariz ancha del grizzli, surgieron aquí la cara más estrecha (para atrapar las presas en sus madrigueras y en los respiraderos durante la primavera ártica) y el morro más largo (para calentar el aire ártico al pasar por las fosas nasales). En lugar de un pelaje marrón altamente visible, la norma era el pelo blanco. Los pies se hicieron más grandes y se llenaron de pelo. Las extremidades que podían perder calor, como las orejas y la cola, se encogieron, y los bigotes que podían recoger la nieve, desaparecieron. Desarrollaron una capa de pelo protectora más para prevenir la hipotermia. Con un corpachón de lorzas cebadas de lípidos, a la vez que seguían siendo corredores y nadadores ágiles, sus cuerpos adquirieron forma de cuña[4]. Aunque se mantuvieron fieles a los terrenos ancestrales para buscar comida y dar a luz, ampliaron el ámbito de la caza e incluso descendieron a pastar y a socializar en la tundra alta del Ártico durante los meses de verano. Cuando aparecieron los homínidos, no les tuvieron miedo. De hecho, eran el único animal que cazaba humanos. Estos depredadores alfa se movían, escribe John Muir en *The Cruise of the Corwin*, «como si el país les hubiera pertenecido siempre»[5].

El viejo Ártico está muriendo, de ahí sus perturbaciones. Según la Agencia Nacional Oceánica y Atmosférica, el calentamien-

---

[4] Andrew E. Derocher, *Polar Bears: A Complete Guide to Their Biology and Behaviour*, Baltimore, MD, Johns Hopkins University Press, 2012.

[5] *The Alaska Account of John Muir: Travels in Alaska, The Cruise of the Corwin, Stickeen & Alaska Days with John Muir*, Praga, e-artnow, 2015, p. 436 [ed. cast.: *Viajes por Alaska*, Madrid, Desnivel, 2004].

to del Ártico está produciendo un sistema climático fundamentalmente nuevo[6]. Las capas de hielo antiguas se están agrietando, cayendo y desprendiendo en forma de icebergs. El deshielo del permafrost está ahora al nivel que se predijo que alcanzaría dentro de 70 años. Las predicciones más pesimistas de una «espiral mortal ártica», como la ha denominado el geógrafo Mark Serreze[7], ahora parecen el colmo de la moderación. Los osos, con cada vez menos hielo de primer año donde cazar las carnes de foca, morsa y ballena, ricas en grasas, están empezando a recurrir a los huevos de ganso blanco y caribú. Las presiones selectivas del cambio climático sobre los osos y las morsas, las gaviotas de marfil y las gaviotas de patas negras, focas y belugas, ya están golpeando con fuerza y rapidez. El término inuit para la pérdida ecológica, la depresión, la melancolía ecológica, la solastalgia inducida por la pérdida del hielo, del hábitat, del hogar, es *«uggianaqtug»*[8]. Tiene connotaciones de un amigo que se comporta raro, que a la vez nos entristece y nos asusta. A partir de esa experiencia ha surgido la investigación reciente sobre el duelo climático. Pero no todos los duelos son iguales. Todos tenemos algo que perder en el Ártico, seamos o no conscientes. Pero hay un ecologismo de carácter lúgubre, una forma de nostalgia llorona que se puede asociar con Attenborough y con un determinado ecologismo y escritura inglesa, cuya conciencia ecológica está empapada de lo sublime polar.

Lo sublime polar está demasiado enredado en todo lo que ha conspirado para asesinar el Ártico. Retrospectivamente, a pesar de que surgiera a partir de una sensibilidad romántica, fue una especie de Fata Morgana, un cebo colonial y antropocéntrico y,

---

[6] Oliver Milman, «Greenhouse Gas Emissions Transforming the Arctic into "an Entirely Different Climate"», *The Guardian*, 8 de diciembre de 2020.

[7] Mark Serreze, citado en Peter Wadhams, *A Farewell to Ice: A Report from the Arctic*, Londres, Allen Lane, 2017, p. 4.

[8] Ossie Michelin, «"Solastalgia": Arctic Inhabitants Overwhelmed by New Form of Climate Grief», *The Guardian*, 15 de octubre de 2020 y Livia Albeck-Ripka, «Why Lost Ice Means Lost Hope for an Inuit Village», *The New York Times*, 25 de noviembre de 2017.

más tarde, una emisión de capital fósil. Se necesitaba un paisaje polar eterno, esencializado, en el que se pudiera probar el temple, y que nunca dejara de entregar su abundante suministro de pescado, huesos de ballena y aceite de ballena. No era solamente un desdén arrogante de las poblaciones del norte –«los seres más desdichados», recordaba Keats[9], describiendo el relato de segunda mano de una expedición conducida por el capitán James Ross–, sino la suposición profundamente optimista de que los confines de la tierra, con sus tribulaciones agotadoras y con sus sagrados santuarios, siempre deberían estar ahí y siempre estarían ahí. Por muy mortales y peligrosas que hayan sido estas expediciones polares –«nunca más», dijeron tanto Apsley Cherry-Garrard como Richard Byrd después de sus viajes a la Antártida[10]–, por muy perturbadoras y alienantes que fueran, la experiencia fue cuidadosamente comisariada como para ofrecer una garantía sobre la indestructibilidad y el carácter divino de una raza de homínidos poco impresionantes. Y, específicamente, por supuesto (aunque los exploradores acabaron por devolver las ideas y fantasías no contemporáneas de una forma muy interesante, desde el ocultismo al espiritualismo), para expresar la cientificidad e intelectualidad masculina e intrépida de la burguesía blanca. La patria de esa no contemporaneidad polar en el siglo xx fue Nueva Suabia.

Así pues, esto es un obituario, pero no del Ártico, parte del cual será rescatable, sino de una cierta idea del Norte: Ultima Thule, septentrión, lo boreal. El imaginario polar con su «blancura infinita de alabastro» creada por dios, su paisaje «marciano blanco», su «desolación» vacía, su «silencio» eclesial, su soledad mística, su encuentro colonial autodefinidor con lo salvaje y lo indomable. Por un nuevo sublime polar.

---

[9] John Keats, «Letter to George and Georgiana Keats», Hampstead, 18[?] de diciembre de 1818, disponible en: www.keats-poems.com.

[10] Apsley Cherry-Garrard, *The Worst Journey in the World*, Londres, Vintage Classics, 2010; Lisle A. Rose, *Explorer: The Life of Richard E. Byrd*, Columbia, MO, University of Missouri Press, 2013.

CAPÍTULO XII

Desastre y negacionismo

18 de febrero de 2021

Los desastres climáticos intensifican el negacionismo. En Oregon se culpó de los incendios incontrolados a los «antifa». En Texas, los cortes de electricidad provocados por las tormentas se atribuyen a los «ecologistas». Es una norma del capitaloceno y lo normal es que ocurra más[1]. Si estudiamos atentamente lo que ha ocurrido en Texas, podemos ver cómo funciona. La perturbación del vórtice polar trae una tormenta de hielo a Texas. Las temperaturas, que habitualmente tenían una media de 17 grados durante el día, cayeron a 5 bajo cero. La mayoría de la electricidad (alrededor de un 67%) procede del carbón y del gas natural. Una minoría (en torno a un 21%) es eólica y solar[2]. Las tuberías y las centrales no están aisladas contra el frío. En este contexto, las tuberías se helaron y las centrales dejaron de funcionar. Casi la mitad de la capacidad del gas natural se agotó[3], así como la mayoría de las turbinas eólicas. La mayor parte de esta pérdida de energía se debió a la alteración de las fuentes termales como el carbón y el gas. Para evitar un apagón completo, la autoridad energética local, ERCOT, pidió a los suministradores que implementaran cortes de control. Las casas de Texas no están diseñadas para estar calientes en invierno. Así que, cuando millones de personas se quedaron sin electricidad, la

---

[1] Véase E. J. Dickson, «How the Right Spread a False Rumor About Antifa and Wildfires», *Rolling Stone*, 11 de septiembre de 2020, y Andreas Malm y The Zetkin Collective, *White Skin, Black Fuel*.

[2] Oliver Milman, «Heating Arctic May Be to Blame for Snowstorms in Texas, Scientists Argue», *The Guardian*, 17 de febrero de 2021 y «Fact Check: The Causes for Texas, Blackout Go Well Beyond Wind Turbines», *Reuters*, 19 de febrero de 2021.

[3] Jesse Jenkins, Twitter, 15 de febrero de 2021.

gente empezó a morir de frío en sus hogares. Algunas personas, en un esfuerzo desesperado para evitar la hipotermia, pusieron en marcha motores de coche y generadores con las puertas cerradas y, como resultado, murieron envenenadas por el monóxido de carbono. El suministro de agua peligró también: millones de personas recibieron el aviso de que debían «hervir el agua», porque la explosión de las tuberías de agua suponía que no se podían fiar de que su agua potable estuviera limpia[4]. Eso que llamamos «desastre natural» no existe. Desde Katrina a la peste, hemos visto que la parte «natural» del desastre es cada vez más un producto colateral de la industria. Así fue en Texas. El calentamiento del Ártico supone que el vórtice polar se desplace cada vez más al sur con más frecuencia y que esto produzca episodios de temperaturas más extremas. Esto lleva un tiempo ocurriendo[5]. Pero ni siquiera las tormentas de nieve son inherentemente desastrosas. El tiempo helado se extiende a lo largo del Medio Oeste y hasta la Costa Este. En Texas, las tormentas de nieve son un desastre. Esto se debe a las vulnerabilidades socialmente determinadas. En la mayor parte de Texas, a pesar de las advertencias previas y de la experiencia pasada, el sistema de energía no está «invernalizado»[6]. Hay pocos incentivos para adoptar precauciones en un sistema de energía diseñado para el beneficio, y no hay mucho peligro de que se amenace a

    [4] Erin Douglas y Ross Ramsey, «No, Frozen Wind Turbines Aren't the Main Culprit for Texas' Power Outages», *The Texas Tribune*, 16 de febrero de 2021; Marcy de Luna y Amanda Drane, «What Went wrong with the Texas Power Grid?», *Houston Chronicle*, 16 de febrero de 2021; «Texas Weather: Deaths Mount as Winter Storm Leaves Millions without Power», *BBC News*, 17 de febrero de 2021; y Alex Samuels, «Nearly 12 Million Texans Now Face Water Disruptions. The State Needs Residents to Stop Dripping Taps», *The Texas Tribune*, 17 de febrero de 2021.
    [5] J. Cohen *et al.*, «Divergent Consensuses on Arctic Amplification Influence on Midlatitude Severe Winter Weather», *Nature Climate Change* 10 (2020).
    [6] Asher Price y Bob Sechler, «Did Texas Energy Regulators Fail to Mandate Winter Protections?», *Austin American-Statesman*, 17 de febrero de 2021, y Ari Natter y Jennifer A. Dlouhy, «Texas Was Warned a Decade Ago Its Grid Was Unready for Cold», *Bloomberg*, 17 de febrero de 2021.

las empresas energéticas con una regulación. Además, la red energética de Texas es más vulnerable a estos recortes abruptos dado que el Estado es una «isla energética» que se basa completamente en su decisión de no someterse a las normativas federales. Así, el desastre estalla.

Después viene la gestión del desastre. No va bien. ¿Por qué? Texas tiene su propio departamento de gestión de emergencias (TEDM). Se puso en marcha después de Katrina, cuando las autoridades locales concluyeron que, en caso de que se produjera un desastre, FEMA no haría nada por ellos. Entre las premisas que guiaban el plan básico de TEDM estaban que la ayuda federal no estaría disponible y los recursos del gobierno no serían adecuados para cubrir las necesidades del desastre[7]. Igual que FEMA, se basa en trabajo voluntario y externalizado. Esto se debe en parte al fracaso estatal. Por ejemplo, se supone que los cuerpos ciudadanos tienen que cubrir los recortes en los servicios de bomberos y de salud. De la misma manera, organizaciones caritativas como el Ejército de Salvación tienen que ocuparse de gestionar los albergues y de alimentar a la gente. Si bien los recursos del gobierno federal están disponibles, la idea es que las autoridades municipales y regionales agoten los suyos, incluyendo cualquier ayuda que tengan a mano, antes de pedir ayuda al Estado. Así TEDM entiende que su jurisdicción consiste en buena medida en coordinar una serie de respuestas de emergencia fragmentadas, tanto para que Texas no termine tan indefensa como Louisiana en 2005 como para que no haya que confiarse a la intervención federal.

Este tipo de respuesta de emergencia mosaico, en la práctica, equivale a casi nada. Por eso se está muriendo la gente. La gente tiene que derretir nieve en hornillos de gas para contar con agua para lavarse o intenta rentar una habitación de hotel antes de que les estallen las tuberías o se les hunda el tejado. Las personas tienen que improvisar respuestas individuales, como informa *The Guardian*, a falta de una respuesta seria por parte

---

[7] «State of Texas Emergency Management Plan: Basic Plan», febrero de 2020, disponible en: www.tdem.texas.gov.

del Estado[8]. La principal política de respuesta desde el Estado ha sido pedir a los conductores extraviados y a quienes se están helando en sus casas que se acerquen por sus medios a los «centros de calor» que gestionan las empresas privadas o el Ejército de Salvación. No hay una provisión adecuada de alimentos, no hay alojamientos alternativos y muy poca información. Esto ya es lo bastante malo, pero en muchos de esos centros además no había electricidad durante los cortes. Y, enfrentado con una falta de información absoluta por parte del ERCOT o el TEDM sobre cómo manejar los cortes constantes, o sobre cuánto tiempo durarían, la única respuesta que tuvo el alcalde de Austin fue el racionamiento. En medio de la helada, pidió que quienes tenían electricidad se comportaran como si no la tuvieran y que no encendieran la calefacción. La situación habría sido peor si el gobernador de Texas no hubiera conseguido asegurar una declaración de emergencia por parte de Biden[9]. No estoy seguro de que hubiera logrado una en caso de que fuera Trump, pero esa declaración supone que Texas ahora puede tener un 75% de financiación federal y que FEMA está enviando suministros básicos como mantas, comida y generadores. Ahora, esto es un parche y está lejos de ser suficiente, pero es elocuente que un sistema diseñado para sortear la dependencia de FEMA haya colapsado sin esta.

¿Cómo funciona el negacionismo en esta situación? Se ha señalado mucho que los republicanos texanos salieron a pelear, echando la culpa de la situación a las renovables y al Green New Deal. El gobernador de Texas, Greg Abbott culpa del apagón eléctrico a las renovables[10]. El exgobernador Rick Perry afirma

---

[8] Alexandra Villarreal y Erum Salam, «The Texans Facing Blackouts and Burst Pipes: "Do I Wait for the Ceiling to Cave In?"», *The Guardian*, 18 de febrero de 2021.

[9] Véase [https://www.whitehouse.gov/briefing-room/statements-releases/2021/02/14/president-joseph-r-biden-jr-approves-texas-emergency-declaration/].

[10] Véase Katie Shepherd, «Rick Perry Says Texans Would Accept Even Longer Power Outages "to Keep the Federal Government out of Their Business"», *The Washington Post*, 18 de febrero de 2021.

que «si este Green New Deal sigue adelante de la manera en la que parece quererlo el gobierno Biden, entonces sucederán más acontecimientos como el que hemos tenido en Texas a lo largo de todo el país»[11]. No hay datos que apoyen estas afirmaciones. Todo el mundo sabe que el problema de Texas no son las renovables y que Biden no tiene planes para un Green New Deal. Esa no es la cuestión. La cuestión puede localizarse en el argumento menos señalado de que los texanos quieren pasarlo mal, agradecen incluso pasarlo mal, si eso supone quitarse de encima al gobierno federal. Así vemos, una vez más, a Rick Perry, que afirmaba en una entrevista en la página web del líder republicano del Congreso, Kevin McCarthy, que «los texanos aguantarían sin electricidad más de tres días para así impedir que el gobierno federal metiera las narices en sus asuntos»[12]. Son afirmaciones prácticamente idénticas a las que se hicieron en el inicio de la crisis del COVID, acerca de que los abuelos y las abuelas estarían felices de morir asfixiados en hospitales desbordados si eso implicaba que sus hijos seguirían disfrutando de la libertad capitalista[13].

Esto no son hechos. Es una interpelación, una llamada a las armas. En una grave crisis de mitigación climática, se convoca una alianza transversal de la derecha para oponerse a cualquier plan políticamente correcto para la supervivencia humana. Decir que hay gente feliz de morir por la libertad capitalista es decir que son prescindibles. La moralidad cruel de la prescindibilidad se ha construido desde hace mucho tiempo en el capital fósil, pero ahora actúa como un grito de guerra. Están diciendo en alto la parte callada porque necesitan movilizar a un electorado político que está preparado, incluso moralmente animado, para una buena cantidad de muertes.

[11] Ben Piven, «In Extreme Texas Cold, Green New Deal Turns into Hot Potato», *Al Jazeera*, 20 de febrero de 2021; véase «Chris Hayes Debunks GOP, Right-Wing Media Lies about Texas Power Outages», MSNBC, 17 de febrero de 2021.

[12] «What's Up in Texas?», disponible en: [https://www.republicanleader.gov/whats-up-in-texas/].

[13] Lois Beckett, «Older People Would Rather Die Than Let Covid-19 Harm US Economy – Texas Official», *The Guardian*, 24 de marzo de 2020.

Si queréis un caso ejemplar de la explicitación de los valores autoritarios y socialdarwinistas implícitos de la modernidad, mirad al alcalde de Colorado City, Texas, que ha dimitido recientemente. Estaba frustrado, no por su incapacidad de hacer algo, sino por los vagabundos indolentes y buscapaguitas que no entendían que se trata de «nadar o morir», que «solo los más fuertes sobreviven»[14]. Fue una agradable sorpresa que tuviera que dimitir, porque no ha sido el caso más habitual en los últimos años. Y eso que, después de todo, el alcalde no había dicho nada que no hubieran afirmado en incontables ocasiones exitosos políticos, presidentes, periódicos, *think tanks* y publicaciones de elite. Su error, quizá, fue haberlo dicho en un contexto en el que no podía leerse plausiblemente como solo una declaración acerca de una infraclase o de una minoría. Si hubiera habido algunos «saqueadores» o algún desorden social que hubiera atraído la atención de las milicias, podría incluso haber aumentado su popularidad. Sin embargo, en este caso estaba claramente hablando a la mayoría de su electorado.

Las moléculas de lo que Cara New Daggett llama «fascismo fósil» se están fundiendo en compuestos complejos[15]. Y lo que deberíamos buscar no son los obvios intereses materiales que pueda tener la gente para prolongar el capital fósil. Sin duda, la gente quiere aferrarse a lo que tiene, material y simbólicamente. Sin embargo, para que las interpelaciones que hemos citado funcionen, se les tiene que ofrecer algo más que eso. Si quiere que una parte de las personas empobrecidas y trabajadoras empiece a decir: «Sí, moriría por eso», el fascismo fósil tiene que ofrecerles algo que valga más que la supervivencia. Y, una vez que estemos en ese terreno, estaremos hablando siempre de las satisfacciones de la venganza, de destrozar al vecino, de disfrutar de la omnipotencia sobre otra vida, aunque sea de manera vicaria.

---

[14] Christopher Brito, «Texas Mayor Resigns After Telling Residents Desperate for Power and Heat "Only the Strong Will Survive"», CBS, 18 de febrero de 2021.

[15] «Petro-Masculinity: Fossil Fuels and Authoritarian Desire», *Millennium*, 47/1, 2018, pp. 25-44.

CAPÍTULO XIII

Nada queda a su alrededor

31 de marzo de 2021

I

Después de los confinamientos, la lucha por una reconstrucción ecológica tiene que revivir. No está claro cuál va a ser el formato político adecuado para esta lucha. Hasta que quedó fuera de juego por la pandemia, el estilo de XR de teatro callejero antipolítico parecía dominar. Su infraestructura hibernada probablemente se reanime, pero habrá costes de oportunidad si se limita a hacer lo mismo que antes.

XR es un ejemplo de lo que Christopher Bickerton y Carlo Invernizzi Accetti definen como «tecnopopulismo»[1]. Por una parte, convoca al pueblo virtuoso a desalojar de sus puestos a un liderazgo político decrépito u obligarlos a la acción. Por otra parte, apela a una «verdad» que supuestamente trasciende la división izquierda-derecha. Esta verdad aparece en dos partes esenciales. La primera es que el peligro físico para la humanidad es tan apremiante que los sectores de la sociedad civil solo pueden conservar su apego por la economía fósil manteniéndose en la ignorancia o la negación. La segunda es que los resultados de un gran estudio sobre la desobediencia civil, obra de Erica Chenoweth y Maria Stephan, demuestra, supuestamente, que el umbral del cambio político se alcanza si se puede movilizar de manera no violenta al 3,5 % de la población[2]. Por lo tanto: ilumina

---

[1] Erica Chenoweth y Maria J. Stephan, *Why Civil Resistance Works: The Strategic Logic of Nonviolent Conflict*, Nueva York, Columbia University Press, 2011.

[2] Vikram Dodd y Jamie Grierson, «Terrorism Police List Extinction Rebellion as Extremist Ideology», *The Guardian*, 10 de enero de 2020.

a la gente, moviliza una masa crítica y haz que cambien las cosas. Bajo su mejor aspecto, este razonamiento tendencioso permitió que XR sacara a decenas de miles de personas a la calle y que mantuviera abiertos los canales de la simpatía popular que probablemente evitaron acciones policiales contra ellos. Esto no es desdeñable, teniendo en cuenta que la policía considera a XR como una ofensiva «terrorista» contra el Estado[3]. Pero probablemente esto alcanzó sus límites antes de la pandemia. Y, después de lo que hemos pasado, sencillamente no es plausible esperar que la mera aprehensión de una amenaza física sea suficiente para conseguir que la gente piense de manera racional acerca de la supervivencia.

Más problemático sería que, si las expresiones organizadas de la política ecologista no se enfrentan a los cimientos materiales del sistema energético y, por lo tanto, de la revolución energética que necesitamos, su mensaje fuera captado y neutralizado. En la cumbre COP26 de este año en Glasgow, por ejemplo, el gobierno británico afirmaría que puede gestionar el paso a una economía energéticamente eficaz, descarbonizada, con una mínima molestia para el capitalismo. Esto es, afirmaría ser capaz de alcanzar las emisiones «netas cero» dentro de su territorio, combinando la electrificación del transporte, la expansión de las renovables y la energía nuclear, la gestión mejorada de los recursos naturales y el despliegue de la tecnología de captura y almacenamiento de carbono. Como ha dejado claro el comité de rendición de cuentas, no hay un plan con sentido para lograr ese objetivo. No obstante, la retórica del reconocimiento, de las inversiones verdes y los empleos verdes será parte de la propuesta del gobierno. Puede reclamar, si nadie escarba demasiado por debajo de la superficie de la retórica, que está «diciendo la verdad» e incluso «actuando ahora». Podría incluso llegar al estadio de ofrecer algún tipo de plebiscito ciudadano y, por lo tanto, estarían cumpliendo de aquella manera un tercio de las exigencias de XR.

---

[3] «Major Shift in UK Land Use Needed to Deliver Net Zero Emissions», CCC, 23 de enero de 2020, [https://www.theccc.org.uk/2020/01/23/major-shift-in-uk-land-use-needed-to-deliver-net-zero-emissions/].

II

Desde un punto de vista realista, cualquier plan para «cero emisiones netas» sería un plan para «cero emisiones absolutas». Hay un cierto margen para la reducción de emisiones en el entorno natural (que comprende como el 12% del total de las emisiones «territoriales» británicas[4]), pero no es probable que se convierta en un sumidero de carbono en los próximos treinta años. La tecnología de captura y almacenamiento de carbono (CAC) es esencial. Sin embargo, el plan de Gran Bretaña para desarrollar CAC mediante empresas privadas subvencionadas, como en Longannet y Kingsnorth, nunca ha dado sus frutos[5]. La política de desplegar CAC en 2020 y retroadaptar todas las instalaciones de carbón en 2025 no se está cumpliendo ni de lejos. Buena parte del objetivo «cero netas» se logrará con el uso de la energía nuclear, que es una opción cara y cortoplacista, implicada con el poder militar-industrial y que se basa en afirmaciones tendenciosas de la propia industria sobre su baja huella de carbono. En cuanto al objetivo de controlar las emisiones únicamente en el territorio británico, no es más que la idea colonial autoinfantilizadora de que podemos encontrar a otra persona que limpie nuestra mierda. Gran Bretaña externaliza muchas de sus emisiones como parte de su política industrial, por lo que centrarse en las emisiones territoriales opaca su auténtico perfil metabólico.

Como apunta un importante informe de 2019 redactado por el consorcio UK FIRES, una Gran Bretaña con emisiones «cero netas» solamente tendría acceso a cerca del 60% de la energía que actualmente usa en 2050[6]. Esto no es tan malo como suena,

---

[4] «Longannet Carbon Capture Scheme Scrapped», *BBC News*, 19 de octubre de 2011; Tim Webb, «E.ON Shelves Plans to Build Kingsnorth Coal Plant», *The Guardian*, 20 de octubre de 2010.
[5] Julian M. Allwood *et al.*, *Absolute Zero*, 2019, [https://www.repository.cam.ac.uk/handle/1810/299414].
[6] Sobre la necesidad y los peligros del CAC, véase Andreas Malm y Wim Carton, «Seize the Means of Carbon Removal: The Political Economy of Direct Air Capture», *Historical Materialism*, 29 de enero de 2021.

porque hay un buen margen para el ahorro eficiente en los coches, las calefacciones y las viviendas de nueva construcción. La electricidad tiene una eficiencia energética superior a los combustibles fósiles. Sin embargo, incluso el escenario más optimista para el desarrollo de las energías renovables no resolverá el problema de la navegación, los vuelos, la construcción y el uso de la tierra. Los vuelos tendrán que parar hasta que se invente y se produzca a gran escala una aeronave electrificada o con un biocombustible sostenible. Pero todos y cada uno de los aeropuertos británicos tienen planes de ampliación respaldados por los conservadores, por bastantes congresistas laboristas e incluso por la extrema izquierda de la burocracia sindical. El transporte marítimo es esencial para la economía mundial tal y como existe y tendría que electrificarse: pero la tecnología no existe aún. La construcción tendría que encontrar alternativas al cemento debido a las emisiones que se crean durante la reacción química de la calcinación. Las vacas y los corderos, la principal fuente de emisiones de las granjas británicas, tendrían que sustituirse por una dieta mucho más vegetariana. Estos planes requieren no solamente de una estrategia industrial, que Gran Bretaña no ha tenido en décadas, para gestionar una ruptura discordante de las relaciones de producción, sino una recalibración radical de las prioridades sociales y de las formas de vida.

La revolución energética requerida aquí es algo profundamente inusual en la historia humana, en el sentido de que implica un desplazamiento desde las fuentes más concentradas de energía a las menos concentradas, y de un mayor consumo de energía a un consumo menor. También necesita que, cuando tengamos la tecnología para retirar el carbón de la atmósfera, no lo tomemos como una razón para emitir más; lo que es improbable, por las mismas razones que la paradoja de Jevons nos muestra que más eficiencia energética no quiere decir un menor consumo energético. Suponiendo que no logremos una revolución socialista en los próximos treinta años, no digamos ya en la próxima década, esto quiere decir que tenemos que encontrar una manera de hacer eficiente la energía del capitalismo, lo que es una contradicción.

III

Las especificidades de lo que el economista ecologista Jean-Claude Debeir define como el «sistema energético» capitalista son tales que convierten la eficiencia energética en algo imposible[7]. Todo sistema energético combina las características ecológicas y tecnológicas de las cadenas de energía con las estructuras sociales que se apropian y gestionan tanto las fuentes de energía como los transformadores de energía. Algo central en relación con la energía, bajo cualquier modo de producción, es cómo se apropia y gestiona a los transformadores humanos, porque así es como se genera un excedente material suficiente para alimentar a una clase dirigente. La gestión de los transformadores humanos, mediante la educación, la formación, el empleo y la renovación, podría llamarse energía social. Como la energía física, su empleo eficiente depende de que esté diligentemente concentrada y renovada, lo que en sí es su gasto de energía. Esta combinación de fuerza de trabajo con energía natural es lo que el filósofo de la autonomía George Caffentzis llamaba el «régimen trabajo/energía»[8].

El Egipto faraónico centralizaba la energía de los músculos humanos vinculados a la aldea y la enganchaba con la energía hidráulica mediante la tecnología de un Estado tributario y religioso centralizado. En la Europa medieval, los señores aprovechaban competitivamente la energía muscular animal y humana y la enganchaban a una cadena de energía hidráulica para extraer tributos del crecimiento y molido del cereal y de la manufactura de herramientas y textil. El modo de producción capitalista no extrae tributo, sino plustrabajo. Lo hace organizando la fuerza de trabajo en un modo de competencia, para obtener ventaja y convertir la energía física en mercancías. El excedente de trabajo

---

[7] Jean-Paul Deléage, Jean-Claude Debeir y Daniel Hémery, *In the Servitude of Power: Energy and Civilization Through the Ages*, Zed Books, 1991.
[8] «The Work/Energy Crisis in the Apocalypse», en George Caffentzis, *In Letters of Blood and Fire: Work, Machines, and Value in the Bad Infinity of Capitalism*, Oakland, CA, PM Press, 2013.

encarnado en ellas puede convertirse en beneficio únicamente mediante el éxito en la esfera de la circulación de mercancías.

Este proceso, conducido por la acumulación competitiva del capital, con sus ciclos de creación y destrucción, se presta a una entropía acelerada tanto de la energía social como de la física. La mayoría de las mercancías no entrarán en el bucle de las renovables: si lo hicieran, reducirían las oportunidades para una inversión rentable, de ahí fenómenos como la «obsolescencia programada». Además, los trastornos rutinarios de la producción, que ocurren cuando los recursos de inversión se retiran de áreas no rentables hacia otras perspectivas más prometedoras, esparcen entrópicamente la energía social bajo la forma de destrezas, formación y experiencia.

El capitalismo no fue en absoluto el primer modo de producción que descubrió y explotó los combustibles fósiles. De hecho, las primeras décadas de la Revolución Industrial fueron impulsadas por la energía hidráulica. Sin embargo, como argumenta el geógrafo Matthew Huber, el redescubrimiento de una energía solar altamente concentrada y fosilizada fue estratégicamente fundamental para la subsunción real de la fuerza de trabajo por el capital[9]. La mecanización de las herramientas, alimentadas por la energía fósil, permitió al capital expulsar a la clase trabajadora del control del proceso productivo a la vez que aumentaba la extracción del plusvalor relativo mediante artilugios que ahorraban más fuerza de trabajo. También permitió que el capital concentrara geográficamente la producción, a la vez que ampliaba la órbita espacial de las mercancías. Con la energía fósil fue posible romper los límites previos del trabajo, los biológicos y los ecológicos. Esto, sin embargo, simplemente facilitó desperdiciar inmensas cantidades de energía.

Esto no quiere decir que el capitalismo usara más de una fracción de la energía que está disponible. La tierra es un sistema de energía abierto cuyos recursos el capitalismo emplea bastante mal. La adicción económica a los combustibles fósiles, así como

    [9] Matthew T. Huber, «Energizing Historical Materialism: Fossil Fuels, Space and the Capitalist Mode of Production», *Geoforum* 40/1 (2009).

el poder político concentrado y el monopolio que se cuaja en torno a su extracción, probablemente hayan impedido la concentración eficaz y la renovación de recursos como la energía solar y la mareomotriz. Menos de un 0,05% de la energía solar se transforma mediante la fotosíntesis en la base de toda materia viva, y menos de un 0,02% de esta está gestionada por los seres humanos, según Bent Sørensen[10]. Esto se debe a que el regalo de la energía solar es difuso y difícil de concentrar. No obstante, las tecnologías para concentrar la energía solar son cada vez más baratas de fabricar. Entre 2000 y 2017, el coste de producir un panel solar PV cayó un 94%, hasta alcanzar un valor de 0,29 dólares el vatio[11]. El mayor gasto operativo para la energía solar, como para la eólica, procederá de la ubicación. En principio, la energía mareomotriz podría suministrar la mayoría de nuestras necesidades energéticas si pudiera concentrarse y almacenarse adecuadamente. De manera similar a la mayoría de los proyectos hidroenergéticos, esto requeriría el compromiso de los Estados-nación, como en Francia y en Corea del Sur, que colectivamente obtienen el 90% de la energía mareomotriz de la tierra. No obstante, a falta de inversiones y de localización, una investigación de la Universidad Estatal de Oregón ha apuntado a que solamente el 0,2% de la energía de las olas del océano sin explotar podría suministrar la actual demanda energética mundial[12].

IV

En principio, los seres humanos podemos vivir juntos gastando la energía de manera eficiente y justa a la vez que reconocemos nuestros diferentes valores. Las encuestas y los estudios sobre el uso del tiempo citados por FIRES apuntan a que las

[10] Bent Sørensen, *Renewable Energy: Physics, Engineering, Environmental Impacts, Economics and Planning*, Oxford, Academic Press, [4]2010.

[11] Bruce Usher, *Renewable Energy: A Primer for the Twenty-First Century*, Nueva York, Columbia University Press, 2019.

[12] «Oregon Moving to Center of Wave Energy Development», *Oregon State University Newsroom*, 18 de junio de 2009.

actividades y los alimentos que más disfrutamos no emplean demasiada energía. Podemos hacer algunas componendas, por ejemplo, abandonando los consuelos ricos en energía mediante los cuales el capitalismo se garantiza el consentimiento popular, a cambio de mejorar nuestra calidad de vida, salud y vida comunitaria. Esto tendría que implicar un esfuerzo consciente y colectivo para redefinir qué es lo que se disfruta, qué es delicioso, qué es abundante, qué constituye una buena vida. Pero no necesariamente supondría una vida austera porque, en principio, podríamos aprovechar de manera sostenible muchísima más energía para beneficio de mucha más gente de lo que hacemos ahora.

Sin embargo, la *contradictio in terminis* que es la eficiencia energética del capitalismo parece a la vez ser una imposibilidad y un paso necesario hacia un futuro así. No sería suficiente, tampoco, que el capitalismo dejara de crecer para convertirse en energéticamente eficiente (como en la economía del estado estacionario). Las decisiones de inversiones deberían subordinarse al control político, empujando a Keynes a su límite más radical. Y, por supuesto, si esto no se consiguiera de una manera democrática, simplemente se prestaría a un capitalismo autoritario de Estado en el que la meta de la eficiencia energética se subordinaría a la satisfacción de una nueva elite estatalista. Más aún, el final del crecimiento produciría una gran confrontación. El crecimiento es lo que hace a la desigualdad capitalista conceptualmente compatible con las declaraciones morales sobre la igualdad de todos los seres humanos. Sin crecimiento, el principio de igualdad no puede adornarse con alguna redistribución y debe ser eliminado violentamente mientras la clase gobernante trata de defender su monopolio sobre la riqueza y su producción.

Argumentando esto, me arriesgo a reproducir el moralismo apocalíptico propio de XR. Excepto que, en lugar de echar la culpa al liderazgo político, cargaría todas las culpas sobre el capitalismo. Por supuesto, podemos hacerlo mejor que el capitalismo. Pero el quid del capitalismo es que es algo en lo que todos los seres humanos, de maneras diferentes y en grados diferentes, estamos implicados. Lo reproducimos, estamos implicados, tenemos vínculos con él, participa en nuestros sueños. Lo llamamos «petromodernidad» es únicamente el nombre para un género de sueño capitalista. Es un factor estratégico en la lucha. El peligro del tecnopopulismo apolítico es que, confiando en el temor por el «fin de los tiempos» para lograr sus efectos movilizadores, no prepara a ninguno de sus seguidores para las complejas negociaciones y las luchas que nos esperan. Al prescribir una asamblea ciudadana sin detallar por qué deberían luchar sus partidarios en dichas asambleas, deja esas técnicas abiertas para la apropiación derechista, negacionista o ecofascista. Al formar únicamente a sus cuadros en las técnicas de protesta más básicas y en las formas más vacuas y moralmente frívolas de la teoría de los movimientos sociales, los deja indefensos ante las ofensivas potentes y a veces sutiles a las que se van a enfrentar desde todos los flancos. Así que, si necesitamos ser mejores que el capitalismo, e incluso si necesitamos ser mejores que el actual gobierno británico, entonces necesitamos probar nuevas apuestas organizativas, buscar nuevos liderazgos, especular sobre nuevas tácticas y, por encima de todo, elevar el nivel de comprensión política.

CAPÍTULO XIV

Lo que quiere el ojo

7 de abril de 2021

I

El capital tiene un aparato de culpa que se relaciona con la deuda. La innovación por parte del capital fósil de la idea de una «huella de carbono» individual, otra forma de convertir la responsabilidad colectiva en deuda personal, fue una avispada inversión en culpa[1]. Es una estrategia muy arraigada en el capital fósil. Y ahora se ha sintonizado con lo que Kathryn Tanner llama «el nuevo espíritu del capitalismo»[2]. Los efectos disciplinarios de la financiarización del sistema entero nos llegan amortiguados bajo la forma de un aparente caos de fuerzas ajenas a la rendición de cuentas y, aun así, experimentamos sus efectos con una carga de culpa completamente individualizada. Esta es solo una de las maneras en las que, paradójicamente, siempre nos sentimos más culpables justo cuando sospechamos que no tenemos nada que decir en nada de lo que nos está ocurriendo.

El moderno concepto relacionado de «apatía pública» ha sido importado al movimiento ecologista desde los anales del *marketing*. Fue en su origen un intento de la industria publicitaria de etiquetar la no reacción de los consumidores y de los públicos objetivos ante una campaña específica. Podemos ahora ver cómo esta ideología funciona para incapacitar la acción eficaz, incluso cuando la prueba de que hay claras mayorías que apoyan las medidas necesarias se presenta como una prueba de la indife-

---

[1] Véase Mark Kaufman, «The Carbon Footprint Sham», *Mashable*, 13 de julio de 2020.
[2] Kathryn Tanner, *Christianity and the New Spirit of Capitalism*, New Haven, CT, Yale University Press, 2019.

rencia pública[3]. Y podemos ver el otro lado de este dilema cuando la resistencia se clasifica como «extremismo»[4]. Si no haces nada, eres culpable; si haces algo, eres culpable. Culpable, culpable, culpable. Las únicas personas que no son en absoluto culpables son los dueños y gestores de las cien empresas responsables del 71% de las emisiones globales de carbono.

Lo que llamamos «apatía», defiende Lertzman en *Enviromental Melancholia*, no es en absoluto eso. En su campo de trabajo, ella no encuentra un aletargamiento de mirada vacía sino una mezcla angustiosa de duelo ahogado, ambivalencia, angustia, impotencia y la culpa que procede de la impotencia. Sería mejor hablar de una especie de «duelo anticipado» donde, al percibir el daño que se hace al objeto de nuestro amor –lo que el Gwich'in llama «lo sagrado herido»– empezamos a retirarle nuestro afecto, antes de que finalmente muera. Un ejemplo de duelo anticipado aparece en el ensayo breve de Freud, «Sobre la temporalidad» (1915), donde describe un paseo por un «floreciente paisaje de verano» con un amigo poeta, que se supone que es Rainer Maria Rilke. El poeta expresa admiración por la belleza, pero no se atreve a dejarse conmover porque está destinada a marchitarse y morir. En menos de un año, el cataclismo ecológico de la Primera Guerra Mundial explosionó y «robó sus bellezas al mundo». Pero eso no devaluaba la belleza que había existido. Responder a la transitoriedad devaluando lo que sin duda pasará, hablar de nuestro envoltorio somático en pasado, como algo que en algún momento nos envolvió con seguridad, es, en términos de Freud, una «revuelta» contra el duelo.

Y, sin embargo, el duelo llega. Tim Gordon, un biólogo marino describe en un reportaje de la BBC en Radio One cómo «ocasionalmente, sin ninguna razón particular, caes en ello». «Estás ahí flotando en mitad de las aguas, miras a tu alrededor y

---

[3] Lisa Holland, «Climate Change: Revealed – How Many Britons Are Unwilling to Change Their Habits to Tackle the Crisis», *Sky News*, 7 de abril de 2021.

[4] Vikram Dodd y Jamie Grierson, «Terrorism Police List Extinction Rebellion as Extremist Ideology».

piensas: "Guau, todo se está muriendo". Hay momentos en los que lloras por dentro porque miras a tu alrededor y te das cuenta de lo trágico que es»[5].

II

> «Al caminar por estos senderos, suscitarás extraños pasados. Esto en el sentido del cazador de "suscitar", es decir, *ahuyentar, perturbar* lo que está escondido».
>
> Robert Macfarlane, *Holloway*

Si el activismo climático con frecuencia adopta un tono apocalíptico, atiborrado de esperanza teológica, es porque, como dice Catherine Keller, «la teología [...] articula lo que importa incondicionalmente»[6]. El planeta es lo que importa incondicionalmente, puesto que es el terreno subyacente y común de toda vida. No podemos sencillamente añadir «ecología» a una lista de temas que preocupan a la izquierda, porque es la condición incondicional para todo lo demás.

Todo se está muriendo y, en cierto modo, no basta con señalar que los «consumidores» no tienen la culpa. ¿Ante qué imaginario tribunal estamos declarándonos inocentes, en cualquier caso? Además, todos estamos implicados, porque la infraestructura de la vida depende del capital fósil. Y arrojarnos al activismo puede acabar por hacernos sentir aún más indefensión, incluso más culpabilidad, debido al tamaño de las fuerzas en contra del cambio. «Hacer algo», incluso aunque no ayude necesariamente, se convierte en una manera de controlar ese sentimiento.

La angustia es una respuesta a una amenaza. No necesita ser una amenaza presente o ni siquiera una amenaza real, siempre

---

[5] Dave Fawbert, «"Eco-Anxiety": How to Spot It and What to Do About It», *BBC News*, 27 de marzo de 2019.

[6] Catherine Keller, *Political Theology of the Earth: Our Planetary Emergency and the Struggle for a New Public*, Nueva York, Columbia University Press, 2018.

que creamos en la idea de la amenaza. De hecho, la angustia, en el sentido propiamente psicoanalítico es una respuesta a un peligro desconocido y enigmático. ¿Qué otra cosa podíamos llamar a la perma-amenaza de los sucesos climáticos incontrolados, de las nuevas epidemias, de las nuevas crisis económicas, todas ellas predecibles e impredecibles a la vez? ¿Cuánto poder disruptivo tienen esas posibilidades si se mezclan con las señales de un peligro interno, psíquico, lo que la escuela de Melanie Klein llama el «instinto de muerte» y la escuela de Lacan llama lo «real»? ¿Y qué ocurre si la amenaza no se va nunca? Como nos dice Anouchka Grose, en su *Guide to EcoAnxiety*: el hipotálamo sigue encargando más cortisol, más adrenalina. El corazón late más deprisa, los pulmones se abren, se prescinde de los sistemas inmune y reproductivo. La angustia tiene que ser pasajera, no permanente. Cuanto más se prolonga, más tensión arterial, más problemas de inmunidad, más desciende la densidad ósea, aumenta el riesgo de infarto, aumenta el cansancio, disminuye la tasa de fertilidad. Cuando Dominic Pettman se pregunta en *Peak Libido* por qué las tasas de celibato crecen como la espuma y el recuento de esperma baja, ¿no será la angustia generalizada parte de la respuesta?[7].

Cuando se desdeña la angustia llamándola «pensar demasiado», se supone que prescribir como cura el ejercicio ayuda a neutralizar el pensamiento. Una forma barata y despolitizada de conseguir que la gente asuma en silencio si pelear o rendirse y se pire. No funciona. Libera el estrés corriendo, tómate una galleta con endorfinas, pero aun así tendrás que enfrentarte a los titulares sobre los incendios y la extinción masiva. Todo sigue muriendo. Sin embargo, *pensar* es una experiencia ambulatoria. Los músculos, corazón y pulmones comparten el pensamiento, el consciente y el inconsciente. «La cognición encarnada» no es la mitad de esto. Caminar por los senderos de la costa y subir los picos glaciales es suscitar extraños pasados. Esto es lo que intuía Nietzsche cuando decía, en *Ecce Homo*: «No creo en ninguna

---

7 Denis Campbell, «UK Has Experienced "Explosion" in Anxiety Since 2008, Study Finds», *The Guardian*, 14 de septiembre de 2020.

idea que no haya nacido al aire libre y por el libre movimiento». Esto es lo que Maurice Merleau-Ponty advertía cuando sugería que «hiciéramos un psicoanálisis de la naturaleza».

III

Tenemos que cultivar las sensibilidades tanto como las ideas y las estrategias. La doctrina ambulatoria del pensamiento es un contrapunto al antinaturalismo, de hecho, al sociocentrismo de la teoría social radical. La teoría que se resiste a la bioquímica, a la oceanografía y a la paleontología tiende a debilitar las sensibilidades necesarias. Tiende a degradar la «naturaleza» y lo «salvaje» como otra chorrada más *völkisch*, romántica (de lo que, es cierto, hay bibliotecas llenas). De esta manera tiende, quizás, a retomar el circuito frío del idealismo. «Hacer un psicoanálisis de la naturaleza» es trabajar la relación quiasmática entre el «espíritu» y la «naturaleza».

El término que usa Bollas para los pasados extraños es «la sombra del objeto». «Es habitualmente en la ocasión del momento estético», escribe, «cuando un individuo siente un profundo vínculo subjetivo con un objeto (una pintura, un poema, un aria o una sinfonía, o un paisaje natural) y experimenta una rara fusión con el objeto, un acontecimiento que re-evoca un estado del ego que predominaba durante la primera vida psíquica»[8].

El momento estético no es lo que podríamos haber supuesto. Marion Milner, al aprender a pintar, tuvo que desechar los principios inhibidores de la belleza: la perspectiva y el realismo[9]. Se sentaba frente a un paisaje y producía cuadros competentes, realistas. Pero le dejaban con la sensación de que el esfuerzo apenas merecía la pena. Carecían de vida. Los cimientos del sentido común de la experiencia sensorial negaban su creatividad. Y enton-

---

[8] *The Shadow of the Object: Psychoanalysis of the Unthought Known*, Londres, Routledge, 2018 [ed. cast.: *La sombra del objeto. Psicoanálisis de lo sabido no pensado*, José Luis Etcheverry (trad.), Buenos Aires, Amorrortu, 1991].
[9] *On Not Being Able to Paint*, Londres, Routledge, 2010.

ces descubrió que «el ojo debía averiguar lo que le gustaba». Y cuando ella buscó qué era lo que le gustaba al ojo –un rasgo de la pared marina, la manera en la que las líneas parecían fundirse– descubrió que, de alguna manera, expresaban modos, sentimientos que se derivaban tanto «del sentido del tacto y del movimiento muscular» como de la vista. En Santayana leyó que «la vida despierta es un sueño controlado» y que «los dioses se aparecen a veces» en la naturaleza. Como descubrió Milner, buena parte de lo que empezó a figurar en su arte, compuesto en momentos de aparente serenidad, era «fuego y tempestad». Era lo que Merleau-Ponty hubiera llamado el «principio bárbaro». O esa señal de peligro interior que se podría llamar el impulso de muerte o lo «real» lacaniano.

En términos de Bollas, el entorno natural es una versión del «objeto transformacional» por excelencia. El objeto transformacional es el vínculo emocional más temprano en la vida del bebé, la primera persona cuidadora, habitualmente la madre. Lo que hace a este objeto diferente del resto es que el bebé, en un primer momento, experimenta a la madre, no como un objeto separado, sino como su entorno. Sus estados de ánimo los interpreta regulados por los cambios en el entorno, por el alimento y el juego, por el dar y retener, por la presencia y la ausencia. Y, puesto que esta relación es prelingüística y anterior a la fase del espejo, el objeto se recordará de manera existencial, no representacional. En la vida adulta podemos esforzarnos en redescubrir este objeto dentro de una estructura religiosa o mística, o adquiriendo una mercancía que se publicita como la solución a nuestros sentimientos difíciles (sentimientos que el anuncio habrá incitado o exacerbado deliberadamente). Allí donde encontremos ese objeto, como podemos encontrarlo ahí, en la naturaleza, produce un sentimiento asombroso de reconocimiento.

En mi propia experiencia de suscitar extraños caminos, trato de recordar qué ha producido esa conmoción. Como no puedo comerme la escena, hago fotografías y hago listas de nombres y descripciones. Las salvajes granjas de Cornualles barridas por el viento; las filas de cerezos y alisos salvajes helados; los muros de lutita pizarrosa que se elevan como un gran acantilado; los brotes del limón del tojo; las moras silvestres, gorditas y del color de la uva; las margaritas rosas como nubes de Cornualles; las frondas picudas y aceitunadas de fiques y astelias; las lajas de un cielo azul aguado sobre los campos barrosos; la curiosa simetría de las columnas de negro fósil, igualmente desoladas, forradas de algas; una resonante marabunta atlántica con la música combinada de los vuelvepiedras comunes, págalos, pingüinos y paíños.

Todo está muriendo. Visitadlo, como haríais con un paciente moribundo.

CAPÍTULO XV

Scala naturae

31 de mayo de 2021

> «Me congratula que los caballos y los cabestros tengan
> que ser doblegados antes de convertirlos en los esclavos de
> los hombres, y que los hombres mismos tengan que echar
> una cana al aire antes de convertirse en miembros sumisos
> de la sociedad».
>
> Henry David Thoreau, *Walking*

I

Cada vez que me cuentan que ha habido una fuga en un zoo, me entra la risa y agito los puños. Hace tan solo un mes, dos docenas de monos se escaparon de un zoo de Berlín y los guardianes no lograban saber cómo lo habían hecho. Esas fugas son más comunes de lo que pensaríais, y a menudo muestran mucho ingenio. En el zoo de San Diego nació un orangután y decidieron llamarlo Ken Allen. Desde su primera infancia, Ken desatornillaba pernos, se subía a los humanos y buscaba cualquier medio para escapar. Cuando trajeron a Vicki, una hembra, para distraerlo, ella abrió el cerrojo de una puerta y escapó. Una noche de hace algunos años, en el National Aquarium de Nueva Zelanda, un pulpo llamado Inky trepó y salió por un pequeño agujero de su tanque, corrió por el suelo y después bajó por una cañería de 50 metros hasta Hawke's Bay.

La risa solo se congela cuando recuerdo el destino de los tamarinos león dorado. Habían sido empujados casi a la extinción total en los bosques de Brasil y quedaban solo unas pocas docenas conservadas en zoos a lo largo de Europa y América del Norte. En 1984, los conservacionistas empezaron a reintroducir algunos de los tamarinos león dorado nacidos en cautividad en la reserva biológica de Poço das Antas, en el sureste de Brasil. El experimento, al principio, fue un enorme fracaso. Murieron por mordeduras de serpiente, picotazos de abejas y de hambre, a veces solo unos pocos días después de su liberación. Si los animales fueran puras criaturas mecánicas, llevadas por el instinto, sin cultura ni sociedad, presumiblemente se habrían adaptado directamente a las condiciones en las que su especie había evolucionado. Pero eran y son seres culturales y habían aprendido a vivir en el peculiar medioambiente de los zoos. Durante la primera década, todas las reintroducciones de los animales tuvieron los mismos resultados desalentadores. Solo cuando se planificó cuidadosamente su suelta, y se les retiró lentamente la supervisión para permitirles encontrar su manera de vivir en el nuevo entorno, funcionó la reintroducción[1].

Todo esto para decir que la liberación no es tan sencilla como una fuga. Estos animales han sido conducidos a una relación social compleja con sus gestores humanos y necesitan poder negociar la manera de salir de ella.

II

En el siglo xx, la opinión científica predominante en las naciones imperialistas consideraba controvertido imputar a los animales no humanos (a partir de ahora «animales») unas cualidades ostensiblemente «humanas» como la imaginación, el deseo, la planificación por anticipado, las ganas de jugar. Esto se consideraba «antropomórfico» por parte de la etología y la biología dominada por el conductismo.

Esa palabrita, «antropomórfico», proporcionaba expeditivamente su propia prueba. Invocar el término cada vez que se les aplicaba a los animales determinados tipos de inteligencia era clasificar subrepticiamente esas inteligencias como algo específi-

---

[1] Matthew Chrulew, «Saving the Golden Lion Tamarin», en Deborah Bird Rose et al. (eds.), *Extinction Studies Stories of Time, Death, and Generations*, Nueva York, Columbia University Press, 2017.

camente humano. La conciencia animal debe entonces, desde esa perspectiva, considerarse como una «caja negra»; todo lo que sabemos de ella es en términos de estímulo y respuesta; todo lo que podemos inferir es una maquinaria instintiva. Es una versión de la antigua descripción cartesiana de la excepcionalidad humana o la *scala naturae* de Aristóteles, la gran cadena del ser. Últimamente esa sensibilidad ha empezado a romperse bajo el peso de los descubrimientos científicos acumulados y por la conciencia en aumento de nuestras dependencias ecológicas. La obra de biólogos, filósofos, ecologistas y divulgadores como Donald R. Griffin, E. O. Wilson, Marc Bekoff, Eva Meijer, Carl Safina, Peter Godfrey-Smith, Peter Wohlleben, Frans De Waal y otros ha traído a la conciencia humana las variedades complejas de la conciencia y la vida emocional del animal[2]. Nos han conta-

---

[2] Eva Meijer, *Animal Languages: The Secret Conversations of the Living World*, Londres, John Murray Press, 2019 [ed. cast.: *Animales habladores: conversaciones privadas entre seres vivos*, Pablo José Hermida Lazcano (trad.), Madrid, Taurus, 2022] y *When Animals Speak: Toward an Interspecies Democracy*, Nueva York, New York University Press, 2019; Carl Safina, *Becoming Wild: How Animals Learn to Be Animals*, Londres, Oneworld Publications, 2020 [ed. cast.: *Aprender a ser salvajes*, María Luisa Rodríguez Tapias (trad.), Galaxia Gutenberg, 2021] y *Beyond Words: What Animals Think and Feel*, Nueva York, Macmillan, 2015 [ed. cast.: *Mentes maravillosas: lo que piensan y sienten los animales*, Irene Oliva Luque, Inés Clavero Hernández y Paula Aguiriano Aizpurua (trads.), Galaxia Gutenberg, 2017]; Peter Godfrey-Smith, *Other Minds: The Octopus, the Sea, and the Deep Origins of Consciousness*, Nueva York, Farrar, Straus & Giroux, 2016 [ed. cast.: *Otras mentes: el pulpo, el mar y los orígenes profundos de la conciencia*, Joandomènec Ros I Aragonès (trad.), Madrid, Taurus, 2017]; Peter Wohlleben, *The Inner Life of Animals: Surprising Observations of a Hidden World*, Londres, Vintage, 2018 [ed. cast.: *La vida interior de los animales*, Marta Torent López De La Madrid (trad.), Obelisco, 2016]; Frans de Waal, *Are We Smart Enough to Know How Smart Animals Are?*, Nueva York, W. W. Norton & Co, 2016 [ed. cast.: *¿Tenemos suficiente inteligencia para entender la inteligencia de los animales?*, Ambrosio García Leal (trad.), Barcelona, Tusquets, 2016]; Marc Bekoff, *The Emotional Lives of Animals: A Leading Scientist Explores Animal Joy, Sorrow, and Empathy – and Why They Matter*, Novato, CA, New World Library, 2008 [ed. cast.: *La vida emocional de los animales*, Fundación Altarriba, 2008]; y Donald R. Griffin, *Animal Minds: Beyond Cognition to Consciousness*, Chicago, University of Chicago Press, 2001 [*El pensamiento de los animales*, Jordi Beltrán (trad.), Ariel, 2003].

do que algunos animales usan palabras (y no se limitan a imitarlas), que los murciélagos de la fruta y los delfines en estado salvaje usan nombres, que los cachalotes se comunican unos a otros su identidad mediante ráfagas rápidas de chasquidos, conocidos como «codas», que hacen vibrar el agua a varios kilómetros cúbicos a la redonda. «Tan potentes y penetrantes son esos chasquidos-sonar», escribe Safina en *Aprender a ser salvajes*, «que los cachalotes pueden probablemente ver cómo son muchas cosas por dentro, como si aplicaran rayos X». Nos han contado que los perros de las praderas tienen un sistema de comunicación complejo, abierto, semejante al lenguaje, que les permite describir a cualquier humano dando detalles de su tamaño, vestuario, color de pelo y cualquier objeto que porten. Nos han demostrado que las comunidades animales tienen códigos morales según los cuales quienes no juegan limpio son rechazados y que las especificidades del código varían según las comunidades, no solo según las especies. Incluso eso que llamamos «instinto» no puede ser mecánico. El conejo puede estar «programado» para escapar cuando un depredador se acerca, pero si su trayectoria de huida no desplegara creatividad y una conciencia del contexto, acabaría devorado.

Nos han contado que los chimpancés tienen tendencias de moda. Los primatólogos del Max Planck Institute de Psicolingüística en Nimega lo observaron cuando Julie la chimpancé empezó a llevar una hoja de hierba en la oreja y otros chimpancés empezaron a imitarla. Nos han contado que monos y aves tienen las mismas neuronas espejo que tienen los humanos, células que parecen estar implicadas en la empatía y en la autoconciencia. Han descubierto que las ballenas tienen las mismas células fusiformes que tienen los humanos, que nos permiten amar y sufrir emocionalmente, solo que cuentan con muchas más y desde mucho antes. Que los elefantes y los córvidos celebran funerales y que las ballenas y los ciervos lloran a sus muertos. Que los delfines juegan con objetos que han encontrado en el océano y que pasan más tiempo jugando que cazando. Que los cefalópodos experimentan dolor emocional, no solamente físico. Que los cetáceos despliegan movimientos REM cuando duermen, lo que apunta a que sueñan.

Las ballenas entonces habrían estado soñando casi cincuenta millones de años antes de que aparecieran los seres humanos. Este es el enorme «cerebro ballena» al que Heathcote Williams canta en *Whale Nation*. No estamos hablando solo de cognición, sino de conciencia, de seres capaces de amar, jugar y llorar a sus muertos. No solamente de chirridos, gestos, chasquidos, llamadas, emisiones olorosas y bailes mecánicos, sino de sistemas complejos y a menudo generativos que se asoman a lo que llamamos lenguaje. El animal, a pesar de Martin Heidegger, no es «pobre de mundo»[3].

III

En *¿Tenemos suficiente inteligencia para entender la inteligencia de los animales?*, De Waal se pregunta en voz alta cómo fue que la ciencia se encadenó ella misma a premisas inhibidoras y peligrosas sobre los animales durante buena parte del siglo xx: premisas que le habrían parecido totalmente desconcertantes a un racionalista victoriano como Darwin. Es una gran pregunta. Después de todo, tenemos tantas pruebas de la cognición y la emoción animal como tenemos de la de nuestra especie humana. Es una curiosa forma de solipsismo de especie creer que somos incapaces de inferir la inteligencia, el deseo y el sueño en animales basándonos únicamente en cómo se comunican y comportan.

La respuesta a la pregunta de De Waal puede tener algo que ver con el problema de la extinción masiva, sobre la que hace un cuarto de siglo nos alertaron por primera vez Richard Leakey y Roger Lewin en *The Sixth Extinction*. Tal vez la exclusión de los animales de la vida emocional, cultural y lingüística y, por lo tanto, de la esfera de consideración moral, tenga algo que ver con la atmósfera del triunfalismo de la Guerra Fría en la que se desa-

---

[3] Martin Heidegger, *The Fundamental Concepts of Metaphysics: World, Finitude, Solitude*, W. McNeill y N. Walker (trads.), Bloomington, IN, Indiana University Press, 1995, p. 196 [ed. cast.: *Los conceptos fundamentales de la metafísica*, Joaquín Alberto Ciria Cosculluela (trad.), Madrid, Alianza, 2007].

rrollaron las ciencias naturales. La contribución de la ciencia victoriana al temperamento de mitad de siglo fue un productivismo cósmico. La nueva ciencia de la energía respondía al problema central del capitalismo industrial, que era cómo convertir de manera sostenible y rentable (y si no ambas cosas, entonces solo rentable) a los cuerpos en máquinas: *The Human Motor*, como decía el historiador Anson Rabinbach. Pero las implicaciones energéticas convirtieron al universo entero en un crisol productivista. Todo, no solamente la vida animal, era una máquina regulada por flujos y transformaciones de energía, por la conservación y la entropía. La vida en sí era mecánica.

Como argumenta Troy Vettese en su ensayo de la revista *Salvage*, «A Marxist Theory of Extinction»[4], esta visión de los animales como máquinas es un axioma del capital, expresada con toda explicitud en la escritura neoliberal sobre la naturaleza y los comunes. La «subsunción real» de la vida biológica por parte del capital la convierte en una máquina que puede ser manipulada y a la que se le asigna un ritmo productivo como a cualquier otra tecnología.

En términos de Foucault, podemos caracterizar esto como el axioma biopolítico de «producir vida» y «dejar morir». Así ocurre, por ejemplo, en la práctica del salmón de granja[5], en lo que Kenneth Fish llama *Living Factories*. Las especies que no se subsumen, se extinguen.

La cultura contemporánea probablemente no sea innatamente más cruel con los animales que las culturas de las sociedades de clases anteriores. Ashley Dawson nos dice en *Extinción, una historia radical*[6], que el Imperio romano fue catastrófico para la vida animal. Su rica vida metropolitana estaba sustentada por el extractivismo agrícola en las colonias, lo que requirió una deforestación a gran escala. Su exquisita gastronomía de tordos,

---

[4] *Salvage #7: Tragedy of the Worker*, octubre de 2019.

[5] George Monbiot, «The RSPCA Rescues One Seal – and Condones the Killing of Many Others», *The Guardian*, 19 de septiembre de 2018.

[6] Ashley Dawson, *Extinction: A Radical History*, Nueva York, OR Books, 2016 [*Extinción, una historia radical*, Blanca Planells (trad.), Nómadas de Pangea, 2022].

jabalíes y flamencos implicaba un comercio internacional de ejemplares salvajes como mercancías de lujo. Sus espectáculos en el Coliseo implicaban el sacrificio masivo de leones, leopardos, osos, elefantes, rinocerontes e hipopótamos: 9.000 animales en el periodo de tres meses posteriores a que Tito inaugurara el Coliseo.

Pero ha sido el capitalismo, y no la esclavitud antigua y los imperios, lo que nos ha llevado hasta el punto de poner en peligro a un millón de especies. Es el capitalismo el que ha provocado la aniquilación biológica de especies de insectos que amenaza la producción global de alimentos. Es específicamente la pesca capitalista la que está asesinando a la ballena franca, a la tortuga carey y a la vaquita marina, la mayoría de las veces porque se enredan en aparejos de pesca desechados, la mayor fuente de plástico de los océanos. En *The Tragedy of the Commodity*, Stefano B. Longo, Rebecca Clausen y Brett Clark trazan la historia de la pesca y de la acuicultura moderna, señalando que, mientras que las sociedades humanas han dependido de los recursos marinos desde el final del Pleistoceno, hasta la Revolución industrial esta dependencia no asumió la forma y proporción de una amenaza física a las especies, lo que ha conducido a la implosión ubicua de las piscifactorías. El despegue desde la Segunda Guerra Mundial ha sido espectacular, con el volumen global de capturas aumentando desde los 20 millones de toneladas hasta los 90 millones entre 1950 y 2000. Los modernos barcos pesqueros son máquinas de la muerte de alta tecnología, que atraviesan hábitats y saquean los fondos marinos para capturar valiosas mercancías. Las proporciones de pesca colateral, no intencionada, inútil para el mercado, son inmensas: 40,4% en total[7]. Así que, extinción.

Es igualmente el capitalismo el que ha destinado el 90% de las tierras húmedas de la tierra para la agricultura[8] y ha elevado la extracción hasta una producción insostenible de 60.000 millo-

---

[7] R.W.D. Davies *et al.*, «Defining and Estimating Global Marine Fisheries Bycatch», *Marine Policy* 33/4, 2009, pp. 661-672.

[8] Sir Robert Watson, en *Extinction: The Facts*, BBC One, 13 de septiembre de 2020.

nes de toneladas al año. Son los ranchos de ganado y las plantaciones de monocultivos capitalistas en América Latina y el Sureste Asiático los que han destruido 100 millones de hectáreas de bosque tropical entre 1980 y 2000. Debido al capitalismo, «la abundancia media de las especies nativas en la mayoría de los hábitats terrestres ha descendido en al menos un 20% [...] desde 1900, mientras que más del 40% de las especies anfibias, casi el 33% de los arrecifes corales y más de un tercio de todos los mamíferos marinos están amenazados»[9]. Entre los científicos de la tierra, ya es una perogrullada decir que solo las ecologías gestionadas al modo indígena, que se han librado de la acumulación del capital, han evitado lo peor.

IV

¿Es realmente posible una liberación animal? ¿Son los animales, tomando prestada la terminología del filósofo de los derechos animales Ted Benton, agentes morales o pacientes morales?[10] Obviamente, pueden ser pacientes morales en la medida en la que tienen sensibilidad suficiente como para merecer la consideración moral de sus deseos, no solo de sus supuestas necesidades. Me parece claro que su opresión es un tema político. Y estamos aprendiendo cada vez más hasta qué medida la comunicación es posible con ellos. ¿Pero su inteligencia les da la capacidad de tener algo que decir? ¿Podrían, por ejemplo, ser agentes en la prevención de su propia destrucción? ¿Podría haber una «democracia interespecies» o una «zoópolis»?

¿Cuál es el significado político de las diferencias en la inteligencia evolucionada? Es posible que no estemos en la mejor posición para responder a esa pregunta porque, como da a enten-

---

[9] IPBES, «Nature's Dangerous Decline "Unprecedented"; Species Extinction Rates "Accelerating"», [https://ipbes.net/news/Media-Release-Global-Assessment].

[10] Ted Benton, *Natural Relations: Ecology, Animal Rights and Social Justice*, Londres, Verso, 1993.

der De Waal, probablemente no seamos lo bastante listos como para saber lo listos que son los animales. Hemos estado implicados durante milenios en complejas relaciones sociales con los animales, a veces recíprocas, en general explotadoras, a la vez que apenas teníamos idea de lo amplio que podía ser su mundo emocional y comunicativo.

Sin embargo, para conceptualizar estas diferencias y reemplazar la *scala naturae*, De Waal nos ofrece la imagen de un arbusto. No hay un destino final, sino varios caminos de desarrollo distintos. En una rama, los humanos; en otra, los pulpos. Esto apuntaría a que las diferencias entre los animales son más graduales, más diferencias de grado y matiz que metafísicas. Y así pensaba Montaigne: la diferencia entre dos humanos es mayor que entre un humano y una bestia. Y Darwin, un observador muy empático de los animales, estaba de acuerdo. Sobre esta base, esperaba en *The Descent of Man* que se ampliara la «simpatía más allá de los confines del hombre» como una progresión moral lógica a partir del universalismo humano.

Pero el argumento de Darwin aún implica una relación de custodia humana sobre el resto de los animales. Así lo ejemplifican los tamarinos león dorado y todo el resto de las especies en peligro de extinción que se conservan y reintroducen en el entorno salvaje. Podríamos pensarlo en términos de Karl Marx: ¿Son los humanos la especie «universal»? Marx evidentemente se equivocaba al pensar que el resto de los animales actúan únicamente bajo el «dominio de la necesidad inmediata» y que metabolizaban la naturaleza únicamente en relación a sus pares inmediatos[11]. Sin embargo, el mero hecho de la extinción masiva parece una demostración terrible de su idea de que los humanos son los únicos seres capaces, no solamente de adoptar una visión de especie en sus actos productivos, sino de tomar como objeto al conjunto de la naturaleza. La liberación de otros animales difícilmente sería una liberación de la gestión de los seres humanos.

---

[11] «Estranged Labour», *Economic and Philosophic Manuscripts of 1844*, véase [https://www.marxists.org/archive/marx/works/1844/manuscripts/labour.htm].

131

De hecho, el problema es que los humanos aún no han asumido una relación de responsabilidad con el planeta y con el resto de las especies. Sencillamente, el modo de producción capitalista no es el tipo de máquina que permite que nuestra especie sea responsable. Toma necesariamente al conjunto de la naturaleza como su objeto, pero no asume necesariamente la responsabilidad por sus efectos más allá de la extracción del valor. Porque asumir responsabilidades supondría liberar del capitalismo a todas las especies.

CAPÍTULO XVI

Una nota sobre puntos de inflexión

11 de junio de 2021

Ha habido numerosos artículos en los últimos años que apuntan a que el umbral para una «cascada de puntos de inflexión climáticos» se está aproximando rápidamente, o ya ha sido alcanzado[1]. En el Ártico, parece probable que sea inevitable atravesar algunos puntos de inflexión, si es que, de hecho, algunos umbrales no se han cruzado ya. Un importante estudio de 2019 apunta a que algunos puntos de inflexión globales, que antes se consideraban improbables a temperaturas inferiores a cinco grados por encima de las temperaturas preindustriales, podrían haberse atravesado ya con un grado por encima de las temperaturas preindustriales[2]. Parece también probable que exista un umbral de pérdida de biodiversidad más allá del cual el resto de los sistemas terrestres que dependan de la biodiversidad queden a merced del caos[3]. Esto quiere decir que, además del cambio ecológico lento, incremental y mortífero, si no actuamos radicalmente deberíamos esperar algunas transiciones drásticas y obvias con efectos catastróficos.

Todo idioma científico está constituido por la metáfora, trabaja con la lógica del lenguaje y del inconsciente[4]. Los científicos

---

[1] Véase Damian Carrington, «Climate Emergency: World "May Have Crossed Tipping Points"», *The Guardian*, 27 de noviembre de 2019, y Will Steffen *et al.*, «Trajectories of the Earth System in the Anthropocene», *PNAS*, 115/33, 2018.

[2] Timothy M. Lenton *et al.*, «Climate Tipping Points», cit.

[3] Jeremy Hance, «Could biodiversity destruction lead to a global tipping point?», *The Guardian*, 16 de enero de 2018.

[4] Giles Foden, «Skittles: The Story of the Tipping Point Metaphor and Its Relation to New Realities», en Timothy O'Riordan y Timothy Lenton, *Addressing Tipping Points for a Precarious Future*, Oxford, OUP, 2013.

han usado la metáfora del punto de inflexión climático porque inmediatamente se abrió camino en los medios desde el momento de su presentación, en torno a 2005[5]. Se abrió camino porque «punto de inflexión» ya tenía un uso lingüístico generalizado y porque resonaba con la experiencia contemporánea del cambio no lineal. Todos hemos visto caer objetos cuando su centro de gravedad sobrepasa el punto de equilibrio. El concepto de un punto de inflexión climático generalmente implica una transformación irreversible no lineal, como la pérdida repentina de la Sábana de Hielo del Oeste de la Antártida. La metáfora subsidiaria de la «cascada» como el dominó de puntos de inflexión fue aportada por Timothy Lenton, uno de los primeros en adoptar el lenguaje de los «puntos de inflexión»[6]. Se refiere a la interacción de varios umbrales cruciales, como la deforestación del Amazonas y las consiguientes sequías, la ralentización de la Circulación de Vuelco del Atlántico Meridional, que regula las temperaturas globales, y el deshielo del permafrost siberiano, que expele emisiones de metano. Una cosa tras otra.

El desdén por los «puntos de inflexión» es sin duda una de las maneras en las que el IPCC y los gobiernos mundiales han subestimado sistemáticamente los peligros del cambio climático[7]. ¿De dónde viene esa precaución intelectual? Los mecanismos del punto de inflexión no son complicados. El hecho de que los sistemas complejos incluyan umbrales en los que incluso los cambios pequeños e invisibles en las condiciones iniciales pue-

---

[5] Sandra van der Hel, «Tipping Points and Climate Change: Metaphor Between Science and the Media», *Environmental Communication* 12/5 (2018).

[6] Fred Pearce, «As Climate Change Worsens, A Cascade of Tipping Points Loom», Yale Environment 360, 5 de diciembre de 2019, [https://e360.yale.edu/features/as-climate-changes-worsens-a-cascade-of-tipping-points-looms].

[7] Timothy M. Lenton *et al.*, «Climate Tipping Points»; Donald A. Brown, «Lessons Learned from IPCC's Underestimation of Climate Change Impacts about the Need for a Precautionary Climate Change Science», en L. Westra, K. Bosselmann y M. Fermeglia, (eds.), *Ecological Integrity in Science and Law*, Cham, Suiza, Springer, 2020; y Glenn Scherer, «How the IPCC Underestimated Climate Change».

den producir efectos radicales y no lineales fue formulado en el siglo XIX por el matemático Henri Poincaré. Este concepto se ha incorporado desde hace años a la sociología y al estudio de los sistemas complejos, especialmente bajo la forma del «efecto mariposa», y ha estado presente en el pensamiento ecologista desde la década de 1970. En parte el conservadurismo del IPCC es inevitable, puesto que los gobiernos a los que asesora pueden ejercer considerable presión sobre este, y lo hacen. Esto define su responsabilidad en jugar sobre seguro con las cifras y en refrenarse de seguir líneas de análisis que puedan ser lógicas (por ejemplo, que el metano liberado por la descongelación del permafrost probablemente desencadenará un ciclo de realimentación positiva), pero que no pueden verificarse empíricamente. Sin embargo, hay también algunos problemas legítimos con la metáfora de los «puntos de inflexión». En este caso funciona condensando la idea de desastre ecológico en la imagen de una ruptura repentina y espectacular. El riesgo es que esto detraiga la atención de los procesos más insidiosos e incrementales a los que nos adaptamos como, según la leyenda urbana, la rana en la olla de agua que se calienta poco a poco hasta hervir. Otro riesgo es que implicar la irreversibilidad en todos los casos es engañoso y puede conducir a una especie de fatalismo. Es sin duda posible atravesar un umbral momentáneamente y volver a la estabilidad si hay una acción humana concertada. Esto sería especialmente así en el caso de los puntos de inflexión de aparición lenta, que se desarrollan durante varios siglos y que resultan ser también los que casi seguro vamos a cruzar[8]. Y, sin embargo, los llames como los llames, uses la metáfora que uses, el cambio radical y no lineal del ecosistema es una realidad con consecuencias desastrosas.

Una dificultad más grave con la jerga de los «puntos de inflexión» es que conlleva el uso coloquial muy extendido de «equilibrio». El lenguaje del «equilibrio» se emplea, por ejemplo, en la mayoría de los decretos religiosos sobre el cambio climático.

---

[8] Paul D. L. Ritchie *et al.*, «Overshooting Tipping Point Thresholds in a Changing Climate», *Nature* 592 (2021), p. 517.

Y resuena ahí una crítica conservadora de la *hybris* humana. Desde ese punto de vista, se trataría de limitar el impacto humano sobre el planeta, sobre la base de una inducción, a partir de la experiencia pasada, de que solamente hemos empeorado las cosas. Esto no es del todo descabellado, y hay razones para aplicar el principio de precaución a la forma en que organizamos nuestras relaciones metabólicas con el planeta. Bajo esta luz, los diseños actuales de la mayoría de los proyectos de geoingeniería parecen tener una falta de previsión desbocada. Nos hacen recordar con cierto remordimiento a los científicos soviéticos que, sin duda poco impresionados por el frío siberiano, pensaron que el calentamiento global podía ser una iniciativa deliberada, utópica. O pensar en aquella carpa importada a los ríos estadounidenses, como contaba Elizabeth Kolbert en *Under a White Sky*, como una forma de control de plagas. Para evitar el empleo de sustancias químicas letales introdujeron, en cambio, especies de peces que conquistaron y destruyeron los ecosistemas.

Sin embargo, aparte de que sea una perspectiva triste, parcial y limitada, el «equilibrio» a veces va más allá de la conservación y adopta un tono desagradablemente malthusiano con respecto al control de natalidad. Existir realmente en «equilibrio» con la tierra, que regularmente ahoga la vida de la mayoría de los organismos vivos, implicaría una forma de existencia cruel y brutal: una existencia que solamente se recomendaría para otra gente, más pobre. De ahí todo el esfuerzo de la ciencia y la tecnología humana. Y, si la humanidad en su fase capitalista está catalizando un cambio tan desastroso, sin duda tenemos la responsabilidad de pensar maneras en las que catalizar un cambio mejor, no solamente de mantener un deseable equilibrio. Llamémoslo cambio ecofílico o biofílico: una especie de Eros ecologista, cuyo propósito sea la ampliación y el enriquecimiento de la vida. En su ensayo de 2020 para la Royal Society, «Tipping Positive Change», Timothy Lenton trata de emplear la lógica del punto de inflexión a nuestro favor, sugiriendo formas mediante las que, con la información adecuada y con las señales de alarma, podemos deliberadamente «inflexionar de vuelta» los sistemas que van mal. Por ejemplo, se ha demostrado que, en algunas circunstancias, se pueden desplegar prácticas de inflexión deliberada en los arrecifes de coral blanqueados.

¿Cómo sería, entonces, si avanzáramos por ahí? ¿Y si el punto fuera utópico? ¿Y si el punto fuera usar la lógica de los puntos de inflexión para maximizar el potencial edénico del mundo? Con todas las precauciones debidas, con todo el cuidado y las advertencias, sin deferencia ninguna por la industria ni respeto por la acumulación de capital, ¿qué podría salir mal?

ÍNDICE

AKAL / PENSAMIENTO CRÍTICO
ÚLTIMOS TÍTULOS PUBLICADOS

Susie Alegre
Libertad de pensamiento
La larga lucha por liberar nuestra mente
978-84-460-5417-7 | 400 pp.

Jaime Vindel
Cultura fósil
Arte, cultura y política entre la Revolución industrial y el calentamiento global
978-84-460-5334-7 | 496 pp.

Gerardo Pisarello
Dejar de ser súbditos (2.ª edición)
El fin de la restauración borbónica
978-84-460-5353-8 | 336 pp.

Jesús Casquete (ed.)
Vox frente a la historia
978-84-460-5385-9 | 144 pp.

Lucía Cirmi Obón
Economía para sostener la vida
978-987-836-732-3 | 232 pp.

José Luis Moreno Pestaña y Jorge Costa Delgado (coords.)
Todo lo que entró en crisis
Escenas de clase y crisis económica, cultural y social
978-84-460-5313-2 | 512 pp.

Francisco J. Leira Castiñeira (ed.)
El pacifismo en España desde 1808 hasta el «No a la guerra» de Iraq
978-84-460-5330-9 | 608 pp.

José Luis Moreno Pestaña y José Manual Romero Cuevas (coords.)
Recuperar el socialismo
Un debate con Axel Honneth
978-84-460-5225-8 | 336 pp.

Françoise Vergès
Una teoría feminista de la violencia
Por una política antirracista de la protección
978-84-460-5269-2 | 176 pp.

Perry Anderson
Spectrum
De la derecha a la izquierda en el mundo de las ideas
978-84-460-4903-6 | 544 pp.

Iñaki Domínguez
Macarras ibéricos
Una historia de España a través de sus leyendas callejeras
978-84-460-5216-6 | 384 pp.

Grégoire Chamayou
La sociedad ingobernable
Una genealogía del liberalismo autoritario
978-84-460-5182-4 | 432 pp.

Albert Noguera
El retorno de los humildes
El proceso de cambio en Bolivia después de Evo
978-84-460-5174-9 | 272 pp.

Alberto Santamaría
Un lugar sin límites
Música, nihilismo y políticas del desastre en tiempos del amanecer neoliberal
978-84-460-5168-8 | 296 pp.

Javier Moreno
El hombre transparente
Cómo el «mundo real» acabó convertido en big data
978-84-460-5150-3 | 336 pp.

Iñaki Domínguez
Macarrismo
978-84-460-5164-0 | 160 pp.

Razmig Keucheyan
Las necesidades artificiales
Cómo salir del consumismo
978-84-460-5112-1 | 232 pp.

Amador Fernández-Savater
La fuerza de los débiles
El 15M en el laberinto español. Un ensayo sobre la eficacia política
978-84-460-5090-2 | 144 pp.

Gerardo Pisarello
Dejar de ser súbditos
El fin de la restauración borbónica
978-84-460-5084-1 | 272 pp.

Iñaki Domínguez
Homo relativus
Del iluminismo a Matrix. Una historia del relativismo moderno
978-84-460-5033-9 | 408 pp.

José Luis Moreno Pestaña
Los pocos y los mejores
Localización y crítica del fetichismo político
978-84-460-5038-4 | 144 pp.

Marco Sanz
La emancipación de los cuerpos
Teoremas críticos sobre la enfermedad
978-84-460-5037-7 | 160 pp.

Jack Goody
El robo de la historia
978-84-460-4904-3 | 464 pp.

Antonio J. Antón Fernández
El sueño de Gargantúa
Distancia y utopía liberal
978-84-460-4867-1 | 368 pp.

Richard Seymour
The Twittering Machine
(La máquina de trinar)
978-84-460-4914-2 | 304 pp.

Erik Olin Wright
Cómo ser anticapitalista en el siglo XXI
978-84-460-4999-9 | 192 pp.

Fernando Broncano
Conocimiento expropiado
Epistemología política en una democracia radical
978-84-460-4995-1 | 456 pp.